Beltz Taschenbuch 848

Dieses Buch ist meiner Tochter Emily gewidmet,
deren Gegenwart ein Segen für mein Dasein ist.

Über dieses Buch:
Jean Jensons Buch ist eine klare und verständliche Anleitung zur Selbsttherapie, wie mithilfe bestimmter Techniken die Fixierung auf kindliche Erlebnisse und Reaktionen, wie das Missverhältnis von »Erwachsen sein, doch als Kind reagieren« aufgehoben werden kann. Im Vordergrund steht dabei die heilende Aufarbeitung der eigenen Kindheit: Symbole und Auslöser zu identifizieren, die Kunst der Selbstbeobachtung, die wichtige Bedeutung des Trauerprozesses und Übungen, die der Heilung dienen. Fallstudien und Berichte von Betroffenen über eine erfolgreiche Regressionstherapie und ein Nachwort von Alice Miller beschließen das Buch.

»Jean Jensons Konzept hilft dem Erwachsenen, die Verluste seiner Kindheit zu betrauern, ohne dass dieser Gefahr läuft, sich wie ein Kind im Chaos der Gefühle zu verlieren.«
Alice Miller

Die Autorin:
Jean C. Jenson beschäftigt sich seit mehr als dreißig Jahren mit der Behandlung von seelischen Störungen. Sie betreibt in Idaho (USA) eine eigene Praxis für Einzel- und Paartherapie. Zusammen mit Ingeborg Bosch hat sie in den letzten Jahren ihre Regressionstherapie vor allem in Rahmen von Workshops in den Niederlanden fortentwickelt.

Jean C. Jenson

Die Lust am Leben wieder entdecken

Eine Selbsttherapie

Mit einem Nachwort von Alice Miller

Aus dem Amerikanischen
von Angelika Hildebrandt

BELTZ

Titel der Originalausgabe: Reclaiming Your Life. A Step-by-Step Guide to Using Regression Therapy to Overcome the Effects of Childhood Abuse.
Originalverlag: Dutton. A member of Penguin Putnam Inc., USA

Besuchen Sie uns im Internet:
www.beltz.de

Beltz Taschenbuch 848
2003 Beltz Verlag • Weinheim und Basel

2. Auflage 2011

Umschlaggestaltung: Federico Luci, Odenthal
Umschlagfoto: Mauritius, Mittenwald
Satz: WMTP, Birkenau
Druck und Bindung: Beltz Druckpartner, Hemsbach
Printed in Germany

ISBN 978-3-407-22848-2

Inhalt

1. Teil
Erwachsen sein, doch als Kind reagieren

2. Teil
Die heilende Aufarbeitung der Kindheit

3. Teil
Regressionstherapie in der Praxis

»Das Geheimnis der Zufriedenheit ist, jeden Tag zu nehmen, wie er kommt, und sich um das Morgen keine Sorgen zu machen.« Was aber ist, wenn man immer noch im Gestern hängt?

1. Teil

Erwachsen sein, doch als Kind reagieren

I
Die Folgen von Verdrängung und Verleugnung

Inzwischen begreifen viele Menschen in gewisser Weise, daß ihre Kindheit weniger gut war, als sie hätte sein können – oder daß sie sogar regelrecht mißbraucht wurden. Sie haben das Wesen der Mißhandlung begriffen, haben Schmerz, Trauer und Zorn empfunden. Da sie aber zugleich erkannten, daß es ihren Eltern in der Kindheit wahrscheinlich nicht besser ergangen ist als ihnen selbst, bemühten sie sich, ihnen zu verzeihen. Und doch stimmte irgend etwas in ihrem Leben immer noch nicht.

Manchen ist dies erst vor kurzem bewußt geworden. Vielleicht haben sie ja zum erstenmal ein Buch zu diesem Thema in der Hand. Andere wissen es schon seit Jahren. Doch wann immer Sie sich zum ersten Mal gefragt haben, in welcher Weise Sie Ihre Kindheit beeinflußt hat, und wieviel Sie auch unternommen haben mögen, um dies zu verstehen – wenn Sie nach wie vor begierig in den Regalen der Buchhandlungen nach neuen Titeln und Informationen suchen, dann ist dies hier das richtige Buch für Sie. Es wird Ihnen helfen zu verstehen, welche »regredierenden« Methoden Sie selbst einsetzen können, um davon zu genesen, daß Sie in einer Familie aufwuchsen, die Ihnen nicht geben konnte, was Sie gebraucht hätten, um sich wohl zu fühlen. Es wird darstellen, welches diese Methoden sind, warum sie notwendig sind und wie sie funktionieren. Es wird anhand von Beispielen aufzeigen, wie sich unsere Kindheit auch noch auf unsere alltäglichen Interaktionen als Erwachsene auswirkt. Und vor allem wird es die einzelnen Schritte darstellen, die jeder tun kann, um sein eigenes Wachstum zu fördern.

Zurück zum Ursprung

Am Beginn dieser Arbeit muß die Erkenntnis stehen, *daß manche Erfahrungen für Kinder so schmerzhaft sind, daß sie sie nicht fühlen können. Auch manche Realitäten, manche Wahrheiten über unsere Eltern oder unsere Familien sind so schmerzhaft, daß Kinder kein Wissen darüber bewahren.*

Kinder, die ja nicht in der Lage sind, solche Situationen zu verändern, verlassen sich schließlich auf die ihr Selbst schützenden Abwehrmechanismen der *Verdrängung* (sie zwingen die Erinnerung an bestimmte Vorfälle in ihr Unbewußtes) und der *Verleugnung* (sie weigern sich, das Erlebte zu akzeptieren).

In unserer Kultur wird erheblich unterschätzt, wie sehr das lieblose Verhalten von Erwachsenen und ihre persönlichen Unzulänglichkeiten ein Kind verletzen können. Das zeigt sich selbst bei Menschen, deren Einsicht sie dazu geführt hat, sich als »erwachsene Kinder« zu verstehen.

Die Schweizer Autorin Alice Miller, die ihre Praxis als Freudsche Psychoanalytikerin aufgab, um die Öffentlichkeit über die in der Regel von Mißbrauch geprägte Natur westlicher Erziehungspraktiken aufzuklären, stellt diesen Irrtum am deutlichsten dar. Alice Miller konzentriert sich auf den Kern des Problems in der Kindheit und orientiert auch ihre Therapie an diesem Ursprung der Problematik – was in der gängigen therapeutischen Literatur keineswegs selbstverständlich ist. Teile aus Alice Millers erstem Buch *Das Drama des begabten Kindes und die Suche nach dem wahren Selbst* waren ursprünglich Artikel, die sie 1979 zur Veröffentlichung in psychoanalytischen Fachzeitschriften verfaßte. Diese Artikel trugen ihr auch in der Fachwelt viel Anerkennung ein. Erst 1981, nachdem sie in *Du sollst nicht merken* die Häufigkeit des Mißbrauchs von Kindern und Freuds Unterdrükkung dieser Tatsache beschrieben hatte, reagierten ihre Kollegen feindselig. Selbst in der Fachwelt war sie mit einem ungeheuren Ausmaß an Verleugnung konfrontiert. Man wollte nicht wahrhaben, daß das Leben von Kindern im sorgenfreien, industrialisierten Westen in Wirklichkeit auch voller schmerzlicher Erfahrungen ist. Diese Erkenntnis bewog sie, aus der Internationalen Psychoanalytischen Vereinigung auszutreten und weiter über dieses Thema zu schreiben.

Mir ist bewußt, daß der Widerstand, auf den Alice Miller vor mehr als einem Jahrzehnt stieß, auch heute noch ungebrochen ist, besonders in der Fachwelt (siehe Alice Millers *Abbruch der Schweigemauer*) – und dies trotz der Informationen, die heute über Kindesmißbrauch verfügbar sind und trotz der Erkenntnis, daß der Begriff mehr als körperliche Mißhandlung und sexuellen Mißbrauch miteinschließt. Auch das *Ausmaß*, in dem *jeder* Mißbrauch ein Kind verletzt, wird immer noch unterschätzt und ignoriert.

Eine ganze Gesellschaft verleugnet

Der Grund für diese gesamtgesellschaftliche Unterschätzung liegt darin, daß unsere ganze Gesellschaft verleugnet. Die Tatsache, daß körperliche Mißhandlung und sexueller Mißbrauch vorkommen, und zwar häufiger, als irgend jemand vermutet hätte, ist inzwischen allgemein bekannt, ebenso, daß Erwachsene durch eine Psychotherapie in der Lage sind, bis dahin verdrängte Ereignisse zu erinnern. Das findet offizielle Bestätigung insofern, als solche Erinnerungen in ungelösten Kriminalfällen für die Aufnahme eines Ermittlungsverfahrens als hinreichende Beweismittel anerkannt werden. Sie gelten, gleichgültig, wie viele Jahre sie im Unbewußten verborgen waren, zum Beispiel als gerichtlich verwertbar, wenn Erwachsene einen Prozeß gegen ihre Eltern anstrengen.

Trotz der weiten Verbreitung von Informationen darüber, daß Kinder auch heute noch von ihren Familien mißbraucht werden und daß die inzwischen erwachsenen Kinder der Generation davor immer noch unter den Folgen solcher Erfahrungen leiden und eine Therapie brauchen, scheint die Allgemeinheit noch nicht zu wissen, welche Langzeitfolgen ein Mißbrauch in der Kindheit hat. Schlimmer noch, die beschuldigten Eltern und ihre Unterstützer gehen zum Gegenangriff über. Sie werfen ihren Kindern vor, sie litten unter einer Verzerrung ihrer Erinnerung (*false memory syndrome*, FMS) und seien von Therapeuten hypnotisiert oder in anderer Weise beeinflußt worden, solche Dinge zu glauben. Diesen Gegenangriffen wird im Interesse einer angeblichen Fairness viel Aufmerksamkeit geschenkt. Manche zitieren sie auch als überzeugende Beweise dafür, daß ein Mißbrauch gar nicht stattgefunden hat. Selbst einige der »Kinder« behaupten dann schließlich, sie hätten herausgefunden, daß ihre Erinnerungen falsch seien. Man ist versucht zu fragen, wie sie das herausfanden. Vielleicht, weil ihre Eltern behaupten, es habe keinen Mißbrauch gegeben?

Zwar kann die Gesellschaft nicht mehr leugnen, daß es einen Mißbrauch an Kindern gibt, doch sie klammert sich immer noch sehr stark an die Vorstellung, daß Mißbrauchserfahrungen in der Kindheit keine oder keine ernsthaften Folgen für die Heranwachsenden haben. Eine ganze Gesellschaft verleugnet diese Realität, weil fast jeder in seiner Kindheit das Opfer einer Form von (emotionalem oder sogar körperlichem oder sexuellem) Mißbrauch war. Daher greift jeder irgendwann im Lauf seines Heranwachsens auf den Schutzmechanismus der Verdrängung zurück. Die Realität eines weitverbreiteten Mißbrauchs von Kindern anerkennen hieße, die Verleugnung der individuellen familiären Erfahrungen eines jeden in Frage stellen. Daher werden nur Menschen, die bereit sind, sich mit diesen Erfahrungen auseinanderzusetzen, deren Erinnerungen schon an die Oberfläche dringen oder die unter störenden, aber nicht einzuordnenden Symptomen leiden, für solche Informationen offen sein.

Verdrängung bewirkt, daß jedes Ereignis oder jede Realität, die zu schmerzhaft sind, als daß man mit ihnen umgehen könnte, ganz oder teilweise ausgeblendet werden, genug jedenfalls, daß das Kind weiterleben kann, als sei das Ereignis nicht wahr, als habe es nicht stattgefunden oder als habe es keine Bedeutung. Und wenn das Kind dann heranwächst, befähigt es seine Verleugnung weiterzumachen und weiterzufunktionieren, so »als ob«.

Trauma und Verdrängung

Diese Mechanismen funktionieren nicht nur in der Kindheit. Jede traumatische Erfahrung in jedem Lebensalter kann so weit verdrängt werden, daß der Betreffende sie nicht mehr bewußt erinnert. Doch trotz der Verdrängung brechen bei manchen Menschen schließlich Bruchstücke der Erinnerung hervor, wie bei den »flash backs« der Vietnamveteranen, deren Erfahrungen zu schmerzhaft waren, als daß sie sie hätten verarbeiten können. Viele der Veteranen, deren Erinnerungen durchbrachen, bemühten sich um eine Therapie. Sie waren überwältigt von ihren Gefühlen und von Ängsten, die ihr Unbewußtes während der Kampfhandlungen ausgeblendet hatte, weil sie sonst zusammengebrochen wären. Die posttraumatische Belastungsstörung, wie dieser Zustand inzwischen bezeichnet wird, gilt in der Regel als ein Komplex von Störungen bei Erwachsenen, die aufgrund eines Traumas eine extreme und aus dem Bewußtsein verdrängte Belastungsreaktion zeigen, die bei ihrem Auftauchen nicht gleich als solche erkannt wird.

Erwachsene, die in der Therapie versuchen, Zugang zu verdrängten Kindheitserinnerungen zu finden, empfinden diesen Prozeß als äußerst beängstigend und schmerzhaft. Die mit den Kindheitserfahrungen begrabenen Gefühle werden bei ihrem Wiederauftauchen als ebenso überwältigend wahrgenommen wie bei den Vietnamveteranen. Der damit verbundene Schmerz liegt jenseits der Vorstellung eines Nichtbetroffenen. Tatsächlich ist es selbst für Menschen auf dem Weg der Genesung zunächst eine Frage der Überzeugung, ob sie die Vorstellung akzeptieren, daß solche schmerzhaften Ereignisse wirklich stattgefunden haben. Diese Vorstellung muß jedoch unbedingt als Arbeitshypothese übernommen werden, die sich erst bestätigen oder widerlegen läßt, wenn man erforscht, was einen hinter den Verdrängungsblockaden an eigener, ganz persönlicher Geschichte erwartet.

Der Preis der Verdrängung

Im allgemeinen meint man, »normalen« Menschen, das heißt Menschen, deren Verdrängungssysteme ihre Erinnerungen an Mißbrauchserfahrungen in der Kindheit so vollständig blokkieren, daß sie scheinbar nie davon beeinträchtigt sind, gehe es besser als Menschen, die eine Therapie machen. Hier klingt die alte Vorstellung durch: »Was ich nicht weiß, macht mich nicht heiß.« Vielleicht haben sie es im Leben sogar einfacher – doch sie und jeder, der in irgendeiner Beziehung zu ihnen steht, bezahlen einen hohen Preis für diese Verleugnung. Ihrem Leben mangelt es an emotionalem Reichtum, weil das Unbewußte ständig jeden Reiz aussortiert und verwirft oder verändert, der unerwünschte Erinnerungen auslösen könnte.

Sheryl beispielsweise hat es immer unbewußt vermieden, in Häusern mit einem zweiten Stockwerk zu wohnen, so daß sie nie hören muß, wie nachts jemand die Treppen hochkommt. Ohne daß es Sheryl bewußt wäre, gibt es eine mit diesem Geräusch verknüpfte verschüttete Erinnerung. Das Geräusch selbst ist harmlos, doch die Erinnerung, zu der es gehört, nicht. Sheryl könnte sich eines Tages an die damit verbundene Erfahrung in ihrer Gänze erinnern, wenn sie die auslösende Situation reaktivieren würde. Ihr scheinbar so harmloses Vermeiden von Häusern mit zwei Stockwerken trägt dazu bei, die Verdrängungsblockade aufrechtzuerhalten.

Jede Art von äußerem Reiz kann eine solche Bedrohung in sich bergen. Stephen beispielsweise lebt nicht gern an einer lauten Straße, während Joanne es nicht aushält, wenn es »allzu still« ist. Alissa will nur moderne Möbel haben und fühlt sich unwohl, wenn sie ihre Freunde außerhalb der Stadt besucht, die Liebhaber von antiken Möbeln sind. Sie schläft dort nie gut und weiß nicht, weshalb. Anita muß immer sicher sein, daß die Schlafzimmertür ganz offen oder ganz geschlossen ist, weil sie sich nachts fürchtet, wenn Licht durch einen Türspalt dringt. Patrick haßt es, die durch eine Wand gedämpften Geräusche eines Fernsehers zu hören; Ben kann Unordnung im Haushalt nicht ausstehen; Tina ißt in keinem Restaurant, in dem sie nicht mit dem Rücken zur Wand sitzen kann, und sie arbeitet in keinem Büro, in dem die Arbeitsplätze nur durch Stellwände und nicht durch richtige Wände voneinander getrennt sind. Gloria meidet Kinos und andere Orte, an denen viele Menschen zusammenkommen, weil es sie »nervt«, wenn andere mit den Knöcheln knacken oder Kaugummi kauen.

Ein solches Vermeidungsverhalten fällt einem Beobachter von außen in der Regel gar nicht auf. Sollte es aber doch einmal jemand hinterfragen, wird es irgendwie rationalisiert.

Das Bewußtsein stellt für andere wie für den Betreffenden selbst (dem die motivierende Furcht oft bewußt ist, ohne daß er ihren Ursprung kennen würde) eine Ausrede zur Verfügung. »Ich hasse es, immer nach oben laufen zu müssen, wenn ich etwas brauche«, könnte Sheryl über ihre Abneigung gegen bestimmte Häuser sagen. Alissa könnte sagen: »Solche Möbel haben mir noch nie gefallen.« Bei Ben könnte es heißen: »Ich friere (oder es ist mir zu heiß), wenn wir im Freien essen« oder »Ich mag ihr Essen nicht«. Man kann es auch einfach vorziehen, in einem pieksauberen Haus zu leben (oder ein unordentliches gemütlich zu finden) oder aus irgendeinem anderen Grund sich eine Stelle in einem Gebäude aussuchen, in dem die Büros feste Wände haben. Es gibt die verschiedensten Erklärungen dafür, daß man immer der letzte ist, der zu Bett geht, oder daß man nachts in allen Räumen einschließlich des Flurs Nachtlichter brennen läßt, und so weiter. Außer in extremen Fällen, die oft als Phobien etikettiert werden, geschieht dieses Vermeiden so unauffällig, daß es einfach zu einem Teil der Persönlichkeit des Betreffenden wird, dem man keine weitere Bedeutung beimißt.

Ist der bedrohliche Reiz ein wichtiges Wesensmerkmal eines Menschen, zu dem der Verdrängende eine enge Beziehung hat, so überträgt er dieses Vermeiden auf den Umgang mit ihm, so daß ein Teil des Partners nicht zum Ausdruck gebracht oder akzeptiert werden kann. Sind individuelle Merkmale, wie beispielsweise die Angewohnheit, laut zu lachen, auf Partys Witze zu erzählen oder sich in Gesellschaft passiv zu verhalten – eigentlich jedes beliebige Verhalten –, zufällig identisch mit den Merkmalen eines mißhandelnden Erwachsenen aus der Kindheit, wird dieses Verhalten Probleme in der Partnerschaft erzeugen. Das Ergebnis kann dann seitens der verdrängenden Person eine von ständiger Kritik geprägte Einstellung sein, die entweder direkt zum

Ausdruck gebracht wird (»Hör auf, dich dauernd am Kopf zu kratzen!«) oder indirekt (mit ungeduldigen Seufzern, Augen verdrehen und so weiter). Findet sich diese Situation in einer Ehe oder einer anderen engen Beziehung, fühlt sich vielleicht der eine unglücklich und der andere als Opfer. Übertriebene Auseinandersetzungen wegen banaler Dinge gehören dann zum Alltag, oder aber es entwickelt sich eine latente und subtile, indirekte, passiv-aggressive Feindseligkeit. Häufig setzt auch einer der Partner den anderen vor Dritten herab.

Auch die meisten Kinder solcher Paare verändern sich wiederum unbewußt in der Hoffnung, Anerkennung zu finden und/oder Mißhandlung zu vermeiden. Sie entwickeln dann, was Alice Miller in *Das Drama des begabten Kindes* ein »falsches Selbst« nennt und übertragen das Problem auf die nachfolgenden Generationen.

Verzerrte Realität und die Verarbeitung von Erfahrungen

Eine weitere schwerwiegende Folge fortgesetzter Verdrängung hat mit der Art zu tun, in der das Unbewußte zu funktionieren gezwungen ist, um die Verdrängung aufrechtzuerhalten. Das Aussortieren bestimmter Erfahrungen erfordert, die Realität so weit zu verzerren, daß der Einfluß eines spezifischen Ereignisses kontrolliert werden kann. Mit anderen Worten, die angeborene menschliche Fähigkeit, Erfahrungen rational zu verarbeiten und ihnen einen Sinn zu geben, wird beeinträchtigt. Wir mißverstehen viele Ereignisse und lesen entweder zu wenig oder zu viel in sie hinein. Das Unbewußte kann dann bewirken, daß man Unwahres für wahr und Wahres für unwahr hält.

Auch die Fähigkeit, alle durch ein bestimmtes Ereignis ausgelösten *emotionalen* Reaktionen ins Bewußtsein zu holen, ist notwendig für die Verarbeitung von Erfahrungen, obgleich gerade diese Fähigkeit oft gestört ist. Entweder haben wir gar keinen Zugang zu unseren Gefühlen, oder aber wir flüchten in eine Überreaktion. In beiden Fällen wissen die meisten von uns nicht wirklich, was sie fühlen. Oft steht ein banales Ereignis, das (bewußt oder unbewußt) eine starke emotionale Reaktion auslöst, in einem unbewußten Zusammenhang mit einem früheren, als schmerzhaft erlebten und deshalb verdrängten Ereignis aus der Kindheit. Das aktuelle Erlebnis löst die Erinnerung an das vergangene Ereignis aus und führt dazu, daß wir emotional nicht normal, sondern übermäßig oder aber gar nicht reagieren. In einem solchen Fall kann ein relativ geringfügiges Versehen wie das Vergessen eines Zahnarzttermins Panik auslösen, während man mit einem Schulterzucken darüber hinweggeht, daß man in seiner Steuererklärung offenbar nicht alle Einkünfte angegeben hat.

Verdrängung hat den Zweck, unser Überleben zu sichern – und das funktioniert tatsächlich. Schließlich sind wir ja zu Erwachsenen herangewachsen. Doch wie wir gesehen haben, beeinträchtigt sie die für ein geistig gesundes und befriedigendes Leben unabdingbare Fähigkeit, Erfahrungen angemessen zu verarbeiten. Die fünf notwendigen Schritte dieses Prozesses sind die folgenden:

1. Richtige Wahrnehmung der äußeren Realität, das heißt zu erkennen, was wirklich geschieht.
2. Rationale Deutung dieser Realität, das heißt, ihr einen vernünftigen Sinn zu geben.
3. Richtige Wahrnehmung der eigenen emotionalen Reaktio-

nen auf diese Realität, das heißt zu wissen, welche Gefühle ein Ereignis tatsächlich in einem auslöst.
4. Überlegen möglicher Reaktionen unter Einbeziehung wahrscheinlicher Konsequenzen.
5. Entscheidung für ein bestimmtes Verhalten im wohlverstandenen Eigeninteresse, dem Interesse eines Kindes oder einer anderen abhängigen Person.

Wie Verdrängung und Verleugnung funktionieren

Ist die angeborene Fähigkeit zur Verarbeitung von Erfahrungen gestört, gehen wir schwierige Situationen fast immer falsch an. Betrachten wir zwei typische Fälle.

Bob hat einen Hund; sein neuer Nachbar Jack hat keinen. Eines Morgens stellt Bob fest, daß Jack mit dem Wagen über den Rasen in seinem Vorgarten gefahren ist und dabei Spurrillen und Furchen hinterlassen hat. Bob nimmt an, daß sein Nachbar gar nichts davon gemerkt hat und beschließt, die Sache auf sich beruhen zu lassen, um keine Probleme zu schaffen. Einige Tage später stellt er fest, daß Jack nach wie vor beim Heimkommen mit seinem Wagen über den Rasen fährt. Bobs Frau will, daß er zu den Nachbarn geht und etwas sagt, doch er meint, Jack brauche den Platz wohl zum Einparken, und außerdem sei der Rasen ohnehin voller Löwenzahn, also komme es nicht so sehr darauf an. Einige Zeit später sagt Jacks Frau zu Bobs Frau, ihr Mann sei verärgert, weil Bobs Hund ständig seinen Hundehaufen auf Jacks Rasen hinterlasse. Bob hätte auf das wiederholte störende Verhalten seines Nachbarn wahrscheinlich verärgert reagieren müssen, doch sein konfliktscheues Unbewußtes ließ ihn zu einer Erklärung von Jacks Verhalten greifen, mit der er seinen berechtigten Ärger ausblenden konnte.

In einer anderen Version dieses Szenarios sieht Jenna zum ersten Mal, daß ihr Nachbar Jules über den Rasen vor ihrem Haus gefahren ist. Sie fragt sich, ob er sich über irgendein Verhalten ihrerseits geärgert hat. Voller Angst träumt sie in dieser Nacht, daß sie jemand mit einem Messer verfolgt. Schweißgebadet erwacht sie. Als Jennas Freundin Doreen am andern Tag anruft, um sich nach ihr zu erkundigen, erzählt ihr Jenna von ihrem Traum und von ihrer Sorge, daß sie Jules irgendwie vor den Kopf gestoßen haben könnte. Sie fürchtet sich vor ihm und kann von nichts anderem mehr sprechen.

Doreen beruhigt Jenna. Vielleicht gebe es ja eine Erklärung, die nichts mit ihrem Verhalten zu tun habe, und sicher nehme sie die Angelegenheit allzu persönlich. Am Tag darauf erzählt Jules Frau Jenna, daß Jules in der bewußten Nacht betrunken nach Hause gekommen sei und es ihm entsetzlich leid getan habe, als er sah, was er angerichtet hatte. Sie nimmt an, daß er bald mit Jenna sprechen werde, weil er für den Schaden aufkommen wolle.

Wie wir gesehen haben, führte Bobs Erklärung für das Verhalten seines Nachbarn zu keinerlei offener emotionaler Reaktion, sondern zur vollständigen Verleugnung des Bedürfnisses, irgend etwas zu fühlen. In Jennas Fall dagegen war die Erklärung mit einer emotional überschießenden Angstreaktion gekoppelt. Keine der beiden Reaktionen war der fraglichen Situation angemessen, aber beide entsprachen den Kindheitserfahrungen der beiden Betroffenen.

Bob hatte eine emotional labile Mutter, die sich tagelag in ihr Bett zurückzog, wenn es in der Familie Probleme gab. Beide Eltern warfen ihren Kindern vor, sie seien »böse« zu ihrer Mutter. Bob und seinen Geschwistern fehlte nicht nur ihre Mutter und deren Fürsorge, man weckte obendrein noch

Schuldgefühle in ihnen. Vor dem Hintergrund einer solchen Kindheit ist es für Bob nur natürlich, daß er als Erwachsener versucht, jeden Ärger zu vermeiden, gleichgültig, was ihm angetan wird. Und Bob ist sich der *Ursachen* seines Verhaltens in keiner Weise bewußt, denn daß seine Mutter ihm einst fehlte, hat er schon lange verdrängt.

Jenna dagegen hatte einen feindseligen und launischen Vater, dem sie nichts recht machen konnte. Wenn ihr Vater sich über sie ärgerte, schlug er sie mit einem Gürtel. Da sein Zorn unberechenbar war, wußte sie nie, was sie tun oder lassen mußte, um vor ihm sicher zu sein. Seit ihrer Kindheit war Jenna ein hilfloses Opfer, das sich nicht gegen seine Mißhandlungen wehren konnte. Jenna hatte ständig Angst vor ihm, konnte sich als Erwachsene aber nicht mehr bewußt daran erinnern, da sie diese Erinnerung verdrängt hatte. Ihre verdrängte Angst taucht allerdings immer dann wieder auf, wenn sie meint, irgend jemand habe sich über sie geärgert. Aufgrund der erbarmungslosen Mißhandlungen durch ihren Vater erwartet Jenna unbewußt, daß jedes Verhalten, das einem Angriff gleicht, durch den Zorn über ein Verhalten ihrerseits ausgelöst wurde, auch wenn sie keine Ahnung hat, was sie getan haben könnte, um diesen Ärger zu provozieren. Massive Angst droht, sie zu überwältigen, taucht dann aber in ihren Träumen auf und in einem zwanghaften Grübeln über den fraglichen Vorfall oder in einem allgemeinen Gefühl der inneren Unruhe. Der Ursprung dieses Gefühls ist ihr nicht bewußt. Sie meint, sie habe in der gegebenen Situation gute Gründe dafür.

In Fällen wie denen von Bob und Jenna ist die Chance gering, daß der letzte Schritt der Verarbeitung von Erfahrungen, nämlich die Festlegung auf eine sinnvolle, realistische Reaktion, auch vollzogen wird; denn die Informationen, auf die sich eine solche Reaktion stützen müßte, wurden von ihrem Unbewußten verzerrt. Hätten Bobs und Jacks Frau nicht miteinander gesprochen, wäre die Situation sicherlich falsch angegangen worden. In Bobs Situation hätte es wahrscheinlich einen Konflikt zwischen Bob und seiner Frau gegeben, da er die Problematik ignorieren wollte; oder aber Bobs Frau hätte sich um die Angelegenheit gekümmert, die Nachbarn zur Rede gestellt und weitere schlechte Gefühle ausgelöst. Jenna hätte wahrscheinlich weiterhin im stillen Angst gehabt, bis Jules sie eines Tages offensichtlich freundlich angesprochen und die Verantwortung für den Vorfall in einer Art auf sich genommen hätte, aus der eindeutig hervorgegangen wäre, daß sein Verhalten nicht böswillig war; oder aber, was dann ja auch tatsächlich geschah, Jules Frau hätte das, was wirklich geschehen war und die Gründe dafür erklärt.

Wenn schmerzhafte Kindheitserfahrungen verdrängt werden, mißverstehen Menschen vieles, was ihnen widerfährt, und reagieren völlig unangemessen auf bestimmte Situationen. Offensichtlich macht uns also doch vieles, was wir nicht wissen, heiß – und wie sehr!

Vermeidendes Verhalten und Überreaktion

Bobs vermeidendes Verhalten und Jennas Überreaktion zeigen, daß die Abwehrmechanismen der Verdrängung und Verleugnung, die ein Kind unbewußt zu seinem Schutz einsetzt, zu zwei scheinbar ganz unterschiedlichen Formen erwachsenen Verhaltens führen können.

Vermeidendes Verhalten entsteht aus einer emotionalen »Stillegung«, während Überreaktion zwar aus der Fähigkeit erwächst, ein Gefühl auch wahrzunehmen – natürlich fühlt Jenna ihre intensive Angst –, doch dieses Gefühl hängt mit ihrer Kindheit und nicht mit der gegenwärtigen Situation zusammen. Die meisten Menschen kennen die Tendenz zu der einen oder anderen Reaktionsweise bei ihren Freunden, ihren Partnern oder sich selbst. Manche von uns sind normalerweise extravertiert, gesprächig und »über«-emotional, während andere sich häufig stiller, zurückgezogener und emotional verschlossener verhalten. Viele reagieren auf bestimmte Situationen tendenziell in der einen oder anderen Weise, doch die Erfahrung zeigt, daß Männer sehr häufig als verschlossener und Frauen eher als überemotional wahrgenommen werden. Doch keiner von uns, ob Mann oder Frau, reagiert immer gleich, sondern immer in Abhängigkeit von der jeweiligen Situation. Für unsere Zwecke allerdings will ich die Gruppe der Männer als (meistens) »vermeidend« und ihren weiblichen Gegenpart als (meistens) »überreagierend« bezeichnen. Diese allzu große Vereinfachung kann später aufgegeben werden, wenn wir die Einzelheiten des Verdrängungsprozesses untersuchen und feststellen, wie die beiden unterschiedlichen Reaktionsweisen entstehen, doch vorläufig ist sie für unsere Zwecke brauchbar.

In der Regel wollen eher tendenziell überreagierende Menschen daran arbeiten, die Auswirkungen ihrer Familiengeschichte aufzulösen – sofern sie den Zusammenhang zwischen ihrer Kindheit und ihren aktuellen Problemen erkennen und ihre Situation nicht durch Suchtmittelmißbrauch oder andere abhängige Verhaltensweisen maskiert ist. Menschen, die auf Reize eher vermeidend reagieren, sind seltener motiviert, Hilfe zu suchen, da sie von den meisten ihrer potentiell unbehaglichen Gefühle abgespalten sind. Wenn sie Beziehungsprobleme haben oder von ihnen nahestehenden Menschen dazu gedrängt werden, sich doch ein wenig mehr zu öffnen, sehen sie dies oft als Problem der anderen. Doch wenn mehr als nur eine kleine Minderheit unserer Bevölkerung motiviert sein soll, sich mit ihrer Vergangenheit auseinanderzusetzen, müssen wir erkennen, daß fast alle Erwachsenen in unserer Gesellschaft betroffen sind und daß unsere Erziehungspraktiken die sprichwörtliche »glückliche Kindheit« bestenfalls zu einem Mythos machen.

II
Mißbrauch, Verdrängung und kindliches Bewußtsein

Wir müssen voraussetzen, daß Mißbrauch in der Kindheit eine lebenslange Schädigung bewirkt und daß so »harmlose« Verhaltensweisen wie ein zorniger Blick, Schreien, ein Schlag auf den Po, ein ungeduldiges Ziehen am Arm, die Mißbilligung normalen kindlichen Verhaltens und bestimmter Persönlichkeitsmerkmale sowie ein an das Kind gerichteter Perfektionsanspruch de facto eine Mißhandlung darstellen. Ich will damit nicht sagen, daß Eltern ihre Kinder zugrunde richten, wenn sie selbst nicht vollkommen sind. Alle Väter und Mütter werden gelegentlich so oder ähnlich reagieren – das ist gar nicht anders möglich. Eltern *können* aber erkennen, daß solche Verhaltensweisen keine angemessene Reaktion auf ihre Kinder darstellen und Schritte tun, die ihren Kindern helfen, Erfahrungen zu verarbeiten anstatt sie zu verdrängen.

Mißbrauch erkennen

Wenn Erwachsene, besonders Mütter, erkennen, daß bestimmte traditionelle Wege, mit Kindern umzugehen, eigentlich eine Form von Mißbrauch darstellen, machen sie sich oft Sorgen über das, was sie ihren Kindern unabsichtlich angetan haben könnten. Das ist ganz normal, und man sollte einfach damit anfangen, aufgrund der neuen Erkenntnisse sein Verhalten zu ändern. Am wichtigsten aber ist es zunächst, sich bewußtzumachen, was man selbst in seiner Kindheit als Mißbrauch erlebt hat. Mit der Heilung der eigenen Schmerzen werden Eltern automatisch ihren Kindern gegenüber fürsorglicher werden, da sie dann aus sich heraus spüren, was richtig ist. Je geringer das Ausmaß an Verdrängung ist, das sie vor den Schmerzen ihrer eigenen Kindheit bewahrt, desto weniger werden sie sich in einer Weise verhalten können, die ihre Kinder verletzt. Eltern mißhandeln ihre Kinder dann unabsichtlich, wenn sie von ihren eigenen Schmerzen abgetrennt sind. Wird diese Trennung aufgehoben, können sie das Leid ihrer Kinder nachempfinden und wissen, was ihre Kinder verletzt. Da kein Mensch vollkommen ist, werden sie sich nicht immer richtig *verhalten.* Doch die Erkenntnis, daß sie etwas falsch gemacht haben, wird sie in die Lage versetzen, mit ihrem Fehlverhalten in einer für das Kind liebevollen Weise umzugehen, so daß es dessen Auswirkungen verarbeiten kann. Das Unbewußte des Kindes muß das Geschehene und den damit verbundenen Schmerz nicht abblocken, da Vater oder Mutter präsent sind, um den Schmerz bei seinem Entstehen erkennen zu helfen.

Wie könnte das aussehen? Phil hatte einen harten Arbeitstag hinter sich, als sein elfjähriger Sohn Richard erzählte, was er tagsüber erlebt hatte. »Dad«, sagte er, »unsere Lehrerin sagt, wenn wir die Erosion der Flüsse und die Verschmutzung der Gewässer weiter zulassen, haben wir bald kein trinkbares Wasser mehr.« Phil war nicht in der Stimmung, Umweltfragen zu diskutieren und erwiderte verärgert: »Deine Lehrerin gehört wahrscheinlich zu den Leuten, die keine Ahnung von Wissenschaft haben und davon, wie man sie einsetzt, um solche Probleme zu lösen. Es ist dumm, daß du auf sie hörst. Ich habe dir schon oft gesagt, du sollst lernen, selber nachzudenken und nicht alles glauben, was man dir sagt.« Richard war verwirrt und brach in Tränen aus, woraufhin seinem Vater lediglich einfiel, ihn anzuschreien: »Geh in dein Zimmer. Wenn du nicht hier sitzen und etwas besprechen kannst, ohne gleich loszuheulen, hast du am Eßtisch nichts zu suchen!« Nun stellte Phil allerdings ziemlich schnell fest, wie unfreundlich und unfair er gewesen war. Er ging zu Richard, der immer noch weinte, nahm ihn in den Arm, entschuldigte sich und erklärte ihm, daß er schlecht gelaunt von der Arbeit gekommen sei und daß er seine Laune unfairerweise an Richard ausgelassen habe. Phil hörte auch zu, als Richard ihm sagte, wie schlecht er sich deswegen fühlte und daß es ihn verletzt und geärgert habe. Phil akzeptierte die Gefühle seines Sohnes und sagte ihm, er hätte sich genauso gefühlt. Dann kehrten sie zusammen zum Eßtisch zurück.

In solch einem Umfeld ist keine Verdrängung nötig, und die Fähigkeit des Kindes, Erfahrungen zu verarbeiten, bleibt intakt.

Wie Verdrängung eingesetzt wird

Immer mehr wissenschaftliche Erkenntnisse deuten darauf hin, daß bereits Säuglinge sowohl emotional als auch kognitiv sehr viel weiter entwickelt sind, daß Kinder allgemein viel intelligentere Wesen sind, als früher angenommen wurde.

Kinder sind verständig genug, um zu erkennen, wann sie mißhandelt werden. Würden sie diese Erkenntnis zulassen, wäre der nächste logische Schritt allerdings das Empfinden, daß es ihnen an der Liebe mangelt, die sie brauchen. Diese beiden Wahrnehmungen sind eine lebensgefährliche Bedrohung für die Psyche des Kindes. Diese Erfahrung läßt sich vergleichen mit der Situation von Kriegsgefangenen oder von Insassen eines Konzentrationslagers, da das Wohlergehen des abhängigen Individuums für die Machthaber keine Bedeutung hat.

Erwachsene, die solche Kriegserfahrungen überlebt haben,

berichten, daß sie als Schutz vor dem Gefühl der grenzenlosen Hilflosigkeit einen Weg finden mußten, um sich geistig von dieser Realität zu lösen. Vor Jahren las ich einmal einen Artikel, in dem von einem Kriegsgefangenen die Rede war, der in seiner Vorstellung Stein für Stein ein Haus errichtete, um sich gegen die entsetzliche Wahrheit seiner Situation abzuschotten. Dieser Plan war so detailliert, daß er nach seiner Befreiung tatsächlich ein Haus bauen und sich genau an seine Pläne halten konnte.

Solche Abwehrmechanismen setzen Menschen ein, um nicht die ganze Wucht einer schmerzhaften Situation zu empfinden, an der sie aufgrund ihrer Hilflosigkeit nichts ändern können. Wie die Vietnamsoldaten, die ihre Erfahrungen verdrängten, fand auch dieser Gefangene eine Möglichkeit, aus seiner Situation zu »entkommen«. Nur war seine Methode ein bewußt gewählter Ausweg, während Verdrängung ein Prozeß ist, der abläuft, ohne daß es dem Betroffenen bewußt würde.

Bei Erwachsenen können psychische Überlebensstrategien bewußt oder unbewußt sein. Sind die einer Situation zugrundeliegenden Prämissen akzeptabel (im Krieg beispielsweise *rechnen wir damit,* daß sich der Feind nicht für unser Wohlergehen interessiert), so geht das Trauma allein auf die Behandlung zurück, deren Opfer wir waren, und nicht auf eine *Bedeutung*, die wir vor uns selbst nicht zulassen können. In einem solchen Fall können wir mit einer Situation also bewußt umgehen. In der Kindheit dagegen sind unsere Eltern genau diejenigen Menschen, von denen wir annehmen, daß sie zuvörderst an unserem Wohlergehen interessiert sind. Die Vorstellung, daß dies unwahr sein könnte, ist unhaltbar (ebenso wie der Befehl, Frauen und Kinder in Vietnam zu massakrieren, für die Soldaten unhaltbar war). Impliziert ein Trauma eine emotionale Tatsache, mit der wir nicht fertig werden, muß unser »Fluchtweg« unbewußt sein.

Die meisten Menschen haben schon einmal solche Berichte gelesen oder gehört und wissen, daß unsere Psyche uns auf diese Weise schützt. Aber nur wenige wissen, warum das so ist: Menschen können grauenhafte Ereignisse überleben, solange sie Hoffnung haben. Aber auch das Gegenteil ist wahr: Hoffnungslosigkeit kann tödlich sein.

Wie Verleugnung eingesetzt wird

In unserem Vergleich zwischen den Kriegserfahrungen von Erwachsenen und den Erfahrungen von Kindern soll weniger zum Ausdruck kommen, daß unsere Kinder schlecht behandelt werden. Entscheidend ist vielmehr die ohnmächtige Abhängigkeit von den Eltern, durch die Kinder sich in einer ebenso ungeschützten Position befinden wie Gefangene unter ihren Peinigern. Das Leben eines Erwachsenen kann gefährdet sein, wenn er sich die volle Wahrheit bestimmter furchtbarer Situationen eingesteht. Noch gefährlicher ist dies für ein Kind, weil dessen Organismus ja noch nicht ausgereift und deshalb so verletzbar ist. Das Kind schützt sich durch Verleugnung davor, von einem solchen Gefühl der Hoffnungslosigkeit überwältigt zu werden, und sichert damit sein Überleben.

Viele Kinder setzen Verleugnung auf diese Weise ein, um ein unbewußtes Gefühl der Hoffnung bewahren zu können. Sie entwickeln ein »falsches Selbst«, ein Selbst, das getrieben ist, alles zu tun, was ihm unbewußt Liebe einzubringen scheint. In der Regel bemüht sich das Kind, dem lieblosen Elternteil so zu gefallen, daß dieser ihm gibt, was es braucht. Eine solche Hoffnung wird auch als »falsche« oder »unrealistische« Hoffnung bezeichnet, weil sie an die Stelle einer grundsätzlich hoffnungslosen Realität tritt. Ein Kind mit einer überarbeiteten und gestreßten Mutter sagt sich beispielsweise, wenn es seiner Mutter nur genug helfe (auch wenn es noch nicht alt genug ist, um eine wirkliche Hilfe sein zu können), werde sie ihm schon mehr Zeit widmen. Oder es sagt sich, wenn es irgendwie herausragen würde, in der Schule gute Noten hätte, ein Starathlet wäre oder ein bewunderter Schauspieler in der Schultheatergruppe, dann müßte seine Mutter einfach bemerken, daß es etwas Besonderes ist und ihm mehr Aufmerksamkeit schenken.

Eine weitere Form der Verleugnung ist der Glaube, daß nichts, was einem geschieht, von Bedeutung ist, daß es einen nicht verletzt, unwichtig oder irgendwie »gut« für einen ist. Wer diesen Abwehrmechanismus einsetzt, wird von seinen Gefühlen abgespalten. *Nicht fühlen* zu können führt unmittelbar zu der Überzeugung, daß die Dinge emotional unbedeutend sind.

Alle diese Abwehrmechanismen sind dem Kind nicht bewußt und dienen als effizienter Schutzschild gegen eine Ohnmacht, die lebensgefährlich wäre.

Obwohl die meisten Eltern ihre Kinder nicht brutal mißhandeln, gebe ich nochmals zu bedenken, daß die emotionale Ablehnung eines Elternteils, Zurückweisung und Desinteresse Formen der Vernachlässigung darstellen, die ein Kind einer weit schlimmeren Erfahrung aussetzen, als man zunächst vermuten würde. Kleinere Kinder sind vollkommen abhängig von der Fürsorge und Liebe ihrer Eltern. Sie brauchen weitaus mehr als Essen, Kleidung, ein Dach über dem Kopf und trockene Windeln; denn sie müssen sich geliebt fühlen. Sie brauchen es, daß man sie hält, gütig mit ihnen spricht, mit ihnen lacht, mit ihnen kuschelt, sie in den Schlaf singt. Sie müssen fühlen, daß man froh ist, sie in die Arme zu schließen, daß man sie gerne badet, daß die Stimme, die ihnen ihr Schlaflied singt, nicht von einem kurz zurückliegenden Streit noch angespannt ist, daß allein schon ihr Dasein im Leben ihres Vaters und ihrer Mutter eine Freude ist.

Ich betone noch einmal, daß wir als Eltern nicht perfekt sein können, aber all das brauchen unsere Kinder – und sie leiden in dem Maße, in dem es ihnen an dieser Zuwendung mangelt. Je unfähiger die Eltern sind, desto mehr leiden die Kinder und desto größer ist die Wahrscheinlichkeit, daß Kinder sich so vergessen und verzweifelt fühlen wie Kriegsgefangene.

Kinder, die falsche Hoffnungen entwickeln, glauben manchmal, Mißhandlungen seien gerechtfertigt und sie hätten sie verdient, weil sie nicht »brav genug« seien. Solche Kinder, meistens Mädchen, wachsen mit einem geringen Selbstwertgefühl heran. Sie schaffen es nicht, sich unter Gleichaltrigen durchzusetzen – oder Mißbrauch auch nur zu erkennen – und bemühen sich ständig, sich zu »bessern«. Versuche, die Abgrenzung anderen gegenüber durch Verhaltensänderungen oder Selbstsicherheitstraining zu erlernen, sind weitgehend zum Scheitern verurteilt, solange die ursprüngliche Blockade, die das Wissen und die Gefühle der Kindheit abschottet, nicht beseitigt ist.

Andere Kinder, meistens Jungen, stumpfen allen Gefühlen gegenüber ab, um glauben zu können, daß das Verhalten ihrer Eltern sie nicht verletzen kann. Sie wachsen zu vermeidenden Erwachsenen heran, die zu ihren wichtigsten Bezugspersonen keine wirkliche Nähe herstellen können. Die Fühlungnahme mit ihrer »Männlichkeit«, Trommeln oder sogar das Hinausschreien von Wut und verzweifeltes Weinen können ein Anfang sein – doch solange sie sich nicht mit den ursprünglichen Erfahrungen auseinandersetzen, die sie dazu brachten, ihre Emotionalität zu ersticken, gibt es keine grundsätzliche Heilung.

Natürlich kann man darüber spekulieren, warum es mehr

vermeidende Männer als Frauen und umgekehrt mehr überreagierende Frauen als Männer gibt. Unsere patriarchalische Kultur bestärkt eindeutig Jungen darin, ihre Gefühle zu unterdrücken, »stark« und »beherrscht« zu sein. Kleine Jungen werden normalerweise lächerlich gemacht, wenn sie empfindsam reagieren, wobei es oft heißt, sie verhielten sich »wie ein Mädchen«. Gleichzeitig werden sie zu Aggressivität und Heldenhaftigkeit angehalten. Diese Botschaften machen sich die Jungen zu eigen, und am schnellsten erfüllen sie die Erwartungen der Gesellschaft, wenn sie einfach die nicht akzeptierten Gefühle verdrängen.

Vor nicht allzu langer Zeit hörte ich ein Gespräch von zwei Männern mit an, die beide kurz zuvor Vater geworden waren. Beide gehörten zu den Männern, die sich darum bemühen, emotional offener zu sein, und die man als »Feministen« bezeichnen könnte. Beide hatten die Beschneidung ihrer Söhne miterlebt und versuchten nun zu beschreiben, wie sie sich bei diesem Anlaß gefühlt hatten, der für die Kinder doch offensichtlich mit Schmerzen verbunden gewesen war. Sie wiederholten beide immer wieder das Wort *intensiv*. »Ein wirklich intensives Erlebnis.« »Mann, so eine intensive Erfahrung.« Obwohl sie sich bemühten, im Gespräch Erleichterung zu finden, waren doch die dafür notwendigen Worte nicht in ihrem Vokabular enthalten.

Frauen in dieser Situation hätten vielleicht darüber gesprochen, wie sehr es sie selbst geschmerzt hat, die Schmerzen ihres Kindes mitanzusehen; denn im Gegensatz zu kleinen Jungen bringt man kleinen Mädchen nicht bei, daß sie ungerührt und stark sein und nur eine kleine Bandbreite von Emotionen zum Ausdruck bringen sollen. Andererseits werden Mädchen davon abgehalten, Aggressionen und Machtstreben zum Ausdruck zu bringen. Emotionen der »Schwäche« wie Trauer, Verlustgefühle und Hilflosigkeit werden zugelassen und akzeptiert und bringen Erleichterung. Wenn bei Frauen kulturell akzeptiert wird, daß sie zwar emotionalen Schmerz (Schwäche), nicht aber Zorn (Stärke) äußern dürfen, und wenn für Männer das Gegenteil gilt, dann wäre es nur logisch, daß in emotional besetzten Situationen Frauen tendenziell überreagieren und Männer sich tendenziell vermeidend verhalten.

Die Rolle des Unbewußten

Fast alle von uns kommen aus Familien, in denen sie in irgendeiner Art mißbraucht wurden. Für viele haben diese Mißhandlungen Folgen. Manchmal waren sie so überdauernd oder aber so schwer, daß sie an einem entscheidenden Punkt sowohl die Erfahrung selbst als auch deren Bedeutung verdrängten. Das Bewußtsein der vollständigen Realität dessen, was mit uns geschah, verlor sich im Unbewußten. Da dieser Prozeß selbst unbewußt war, erkannten wir auch nicht, daß er stattgefunden hatte.

Wir wuchsen zu Erwachsenen heran. Da aber unsere Fähigkeit, Erfahrungen zu verarbeiten, beeinträchtigt blieb, wurde die Verdrängung zu einem Nachteil für uns. Das Unbewußte schützt uns weiterhin vor etwas, vor dem wir nicht mehr beschützt zu werden brauchen, nämlich vor der uneingeschränkten Erkenntnis dessen, was geschehen ist und vor den damit verbundenen qualvollen Gefühlen.

Da Verdrängung und Verleugnung aus dem Unbewußten entstehen, funktionieren sie auch weiterhin automatisch. Ihre Aktivität ist uns nicht bewußt, da Bewußtsein und Unbewußtes unterschiedliche Funktionen und Fähigkeiten haben. Das Bewußtsein unterscheidet zwischen Gegenwart und Vergangenheit (unser Alter, unsere Lebensumstände, unsere Fähigkeiten als Erwachsene usw. sind uns bewußt), während das Unbewußte keine zeitlichen Dimensionen kennt. Dafür ist es in der Lage, die Wahrnehmungen des Bewußtseins zu verändern. Die Schutzmechanismen, die wir als Kinder brauchten, funktionieren also immer noch, obwohl sie jetzt überflüssig wären.

Tatsächlich funktionieren sie so gut, daß Furcht, Trauer, Verlustgefühle, Scham, Zorn und Hoffnungslosigkeit, um nur einige der Gefühle zu nennen, vor denen uns diese Abwehrmechanismen in unserer Kindheit schützten, entweder vollkommen aus unserem Bewußtsein ausgeschlossen werden, so daß wir sie gar nicht mehr empfinden können, oder aber, wenn wir sie jetzt empfinden, durch Ereignisse in unserem gegenwärtigen Leben verursacht scheinen. Die Unfähigkeit, diese schmerzhaften Gefühle überhaupt zu empfinden, oder aber die Tendenz, sie zwar wahrzunehmen, aber mit unserer jetzigen Realität in Zusammenhang zu bringen, beeinträchtigt unsere Fähigkeit, auch als Erwachsene Erfahrungen richtig zu verarbeiten. So lassen sich Schwierigkeiten, insbesondere in persönlichen Beziehungen, nicht lösen. Leider befassen sich die gängigen Therapieformen nicht mit diesem Einfluß des Unbewußten.

Der kindliche Bewußtseinszustand

Die begrabenen Erinnerungen – sowohl was geschah (oder was wahr war) als auch die damit verbundenen schmerzlichen Gefühle – werden in *kindlicher Form* behalten. Nun unterscheidet sich aber das Maß an Bewußtheit eines Kindes von dem eines Erwachsenen: Für Kinder sehen die Dinge anders aus als für Erwachsene. Die Welt eines Kindes ist mindestens bis zum Alter von etwa zehn Jahren sehr begrenzt. Eltern und/oder Geschwister und die Art, wie in der Familie die Dinge getan werden, erscheinen als Norm. Man nimmt es als gegeben, daß die Eltern sich richtig verhalten und daß jeder in einer Familie wie der eigenen lebt. Aufgrund des geringen Alters und der eigenen Unerfahrenheit hat man keine Perspektive und keine objektiven Normen. Runzelt die Mutter die Stirn, weil man etwas Altersgemäßes getan und beispielsweise den Inhalt eines Portemonnaies untersucht hat, das sie in Reichweite liegen ließ, so fühlt man sich wie ein böses Kind. Und dieses schlechte Gefühl (Scham) ist sehr schmerzhaft.

Der kindliche Bewußtseinszustand kennt keine Relativität. Die Fähigkeit zu erkennen, daß Mutters Mißbilligung nicht ewig andauert, ist noch nicht entwickelt. Als Kind weiß man noch nicht, daß Dinge beginnen und enden, daß mit der Zeit alles anders wird oder daß man vielleicht sogar, auch wenn Mutter ihr Mißfallen äußert, gar nichts Falsches getan hat. Ihr Stirnrunzeln wirkt sich also sehr stark aus, und man fängt an zu befürchten, daß Mutter einen gar nicht liebt und niemals lieben wird, oder schlimmer noch, daß man es gar nicht wert ist, geliebt zu werden. Auch wenn in der frühen Kindheit etwas Schmerzhaftes geschieht, wenn beispielsweise ein Spielzeug zu Bruch geht, kann sich ein Kind fühlen, als sei sein Leben zugrunde gerichtet, und kann in einer solchen Situation weinen, als habe man ihm das Herz gebrochen. Auch hier wieder ist dem Kind nicht bewußt, daß der Verlust zwar schmerzt, aber im großen und ganzen doch relativ unbedeutend ist.

Darüber hinaus haben Kinder Ängste, die einem Erwachsenen völlig unbegründet erscheinen. Als meine Tochter vier Jahre alt war, fürchtete sie sich beispielsweise davor zu baden, weil sie meinte, ein Krokodil könnte in die Wanne kommen. Sie fürchtete sich auch dann noch, wenn sie keinen Badezusatz nahm und bis auf den Grund der Badewanne sehen konnte. Als ich sie fragte, wie denn wohl ein Krokodil – das ja nicht ganz klein ist – in die Badewanne kommen sollte, antwortete sie mit zitternder Stimme: »Durch den Wasserhahn?«

Die Gefühle eines Kindes sind unter günstigen Umständen einfach nur stark. Doch schon kleine Verluste können verheerend sein und ungerechtfertigte Ängste äußerst real. Eben weil Kinder abhängige Wesen in einer Situation sind, in der sie von vornherein wenig oder keine Macht besitzen, empfinden sie Ereignisse, die einem Erwachsenen harmlos erscheinen, viel intensiver. Die Denk- und Gefühlsprozesse von Kindern sind *qualitativ verschieden* von denen der Erwachsenen.

Die Konzentration auf eine Veränderung unproduktiver Verhaltensweisen des Erwachsenen packt das Problem nicht an der Wurzel. Diese Wurzel liegt unterhalb der unbewußten Blockade, die zwischen uns und dem Bewußtsein alter Mißhandlungserfahrungen aus der Kindheit steht. Sowohl die »Tatsache« der Ereignisse (was geschah, wer beteiligt war, was gesagt wurde, wer was tat, wo es war, wie alt man war) als auch die »Gefühle« (sämtliche emotionalen Auswirkungen der Ereignisse) sind hinter dieser Blockade verborgen. Oft sind solche Erinnerungen nicht *ganz* aus unserem Bewußtsein verbannt, doch es fehlen uns entweder die Tatsachen oder das Gefühl, oder wir haben über die Verleugnung ihre Bedeutung verändert, um dem ganzen Ausmaß ihrer Auswirkungen zu entgehen.

Eine Heilung kann es nur geben, wenn diese Blockade des Unbewußten aufgehoben wird, so daß das ursprüngliche Ereignis und die damit zusammenhängenden Schmerzen verarbeitet werden können. Das heißt *nicht*, daß man versuchen sollte, sich an seine Kindheit zu erinnern und über sie zu sprechen oder zu weinen. Dies wären Aktivitäten des Bewußtseins, und nicht allein des Bewußtseins, sondern des *er-*

wachsenen Bewußtseins. Anders gesagt, wenn wir versuchen, uns an unsere Kindheit zu erinnern, um über sie zu sprechen oder zu weinen, tun wir das *aus dem Bewußtsein des Erwachsenen heraus*. Genau das wird unter dem falschen Etikett der »Trauerarbeit« oft empfohlen. Hier liegt ein gravierender Irrtum vor, denn *die Gefühle, die verarbeitet werden müssen, entstanden in der Kindheit und existieren daher in einem kindlichen Bewußtseinszustand weiter*. Es ist die Trauer dieses Kindes, die wir fühlen müssen – des Kindes, das wir waren.

Dieser kindliche Bewußtseinszustand und die Trauer des Kindes, die von den Mißhandlungen in der Kindheit herrührt, liegen im Unbewußten verborgen, zusammen mit allen oder einigen der durch Verdrängung blockierten Erinnerungen. Genau *in diesem Bewußtseinszustand* müssen wir der Realität jener Mißhandlungen gegenübertreten und die damit verbundenen Schmerzen fühlen, denn diese Erfahrungen wurden ja *damals* nicht verarbeitet. Es ist ein Wunder unseres Gehirns, daß das Unbewußte Erfahrungen genau in der Form festhält, in der sie erlebt wurden. Sie lassen sich, gleichgültig, wie alt wir werden, später jederzeit wiederauffinden und verarbeiten. Dazu müssen wir allerdings erkennen, wie dieser Zustand aussieht, wie wir uns darin fühlen und was wir damit anfangen. Dann erst können wir in seinem ganzen Umfang erkennen, was geschah und die Trauer des Kindes empfinden, das wir waren – etwas durchaus Wünschenswertes, denn dies ist die Trauer, die heilt.

III
Kindliches Bewußtsein versus Erwachsenenrealität

Alle Erwachsenen kehren in gewissen Abständen in ihren kindlichen Bewußtseinszustand zurück, auch wenn ihnen das nicht bewußt ist. Wann immer wir überreagieren oder uns vermeidend verhalten, wechseln wir geistig vom erwachsenen zum kindlichen Bewußtseinszustand und erleben die Welt vorübergehend aus der abhängigen Position des Kindes. Entweder sind wir von Gefühlen überwältigt, die in keinem Verhältnis zur aktuellen Situation stehen, oder aber wir verschließen uns emotional und verteidigen uns automatisch gegen einen potentiellen Angriff. Im letzteren Fall ist uns nicht einmal bewußt, daß wir Gefühle haben.

Wechsel in den kindlichen Bewußtseinszustand

Betrachten wir eine typische Situation, in der eine Erwachsene emotional plötzlich wieder zum Kind wird. An einem Wintermorgen verläßt Joan das Haus, um mit ihrem Wagen zur Arbeit zu fahren. Am Abend zuvor hat sie den Wagen vor der Garage geparkt, und nun stellt sie fest, daß eine gewaltige, mit Eisschichten durchsetzte Schneelawine vom Metalldach ihrer Garage heruntergerutscht und auf die Windschutzscheibe gestürzt ist, so daß sie zersplitterte. Joan ist fassungslos. Sie macht sich Vorwürfe, daß sie so »dumm« war, an dieser Stelle zu parken, und bricht in Tränen aus. Weinend läuft sie wieder ins Haus, um ihrem Mann George, der sich gerade rasiert, zu berichten, was geschehen ist und wie dumm sie war. George legt den Rasierer weg, nimmt sie in den Arm und sagt ihr, sie habe doch nicht absehen können, was passieren würde, und sie solle sich keine Vorwürfe machen. Joan schluchzt immer noch. Sie sagt, sie wisse nicht, wie sie zur Arbeit kommen und was sie mit dem Wagen machen solle. George schlägt vor, daß sie Kollegen anruft, die in der Nähe wohnen, oder daß sie, wenn alle Stricke reißen, beide in seinem Wagen fahren und einer von ihnen eben zu spät zur Arbeit kommt. Außerdem könne sie von ihrem Arbeitsplatz aus ihre Versicherung anrufen und sich erkundigen, wo und wie sie den Wagen am besten reparieren läßt. Erst jetzt ist Joan in der Lage, sich zu beruhigen und Georges Ratschläge zu befolgen. Als sie dann später mit dem Versicherungsvertreter telefoniert, ist sie endlich wieder »sie selbst«.

Die äußeren Anzeichen dafür, daß Joan in einen kindlichen Bewußtseinszustand wechselte, waren der Ansturm von Emotionen, der sie überwältigte, und ihr dringendes Bedürfnis, zu jemandem zu laufen, um beruhigt zu werden und Anweisungen zu erhalten. Wenn wir jemanden suchen, der für uns »erwachsen« ist, ist dies ein sicheres Anzeichen dafür, daß wir unseren erwachsenen Blick auf Erfahrungen verloren haben und wieder zum »Kind« geworden sind. Oft erkennen wir erst später, daß unsere emotionalen Reaktionen auf einen Vorfall völlig unverhältnismäßig waren.

Unter den Lösungsvorschlägen von George war nichts, auf das Joan nicht selbst hätte kommen können. Wenn sie als Erwachsene reagiert, kann sie sich auf ihre Intelligenz und Lebenserfahrung verlassen. Doch eine plötzliche und komplizierte Situation führte zu einer Bewußtseinsverschiebung, in einen Zustand hinein, in dem sie nur noch über die begrenzte Erfahrung und das begrenzte Weltwissen eines Kindes verfügte. In diesem kindlichen Bewußtseinszustand standen ihr die der Situation angemessenen Reaktionen vorübergehend nicht zur Verfügung. In Joans Familie suchte man stets einen Schuldigen, wenn etwas schiefging. So schämte sie sich für ihr Verhalten und beschimpfte sich obendrein als »dumm«. Als sie sich an ihren Mann wandte (der für ihr Unbewußtes zum Vater wurde), hoffte sie, er würde sie trösten anstatt ihr Vorwürfe zu machen. In diesem Fall konnte George ihr die liebevolle Zuwendung geben, von der Joan fühlte, daß sie sie brauchte.

Man beachte, daß Joans Wechsel zurück in ihren erwachsenen Gefühls- und Gedankenzustand automatisch erfolgte und nicht von Georges Reaktion abhing. Darüber hinaus jedoch war Georges Reaktion positiv, was ja leider nicht immer der Fall ist. Hätte George sich gerade auf einen wichtigen Termin vorbereitet, dann hätte es gut sein können, daß er ungeduldig und ärgerlich geworden wäre, als Joan ihn für etwas brauchte, das sie »doch selbst hätte sehen müssen«. Unter diesen Umständen hätte er ihr vielleicht auch Vorwürfe gemacht, weil sie »so dumm« war, den Wagen überhaupt an einer so problematischen Stelle zu parken. Diese Reaktion hätte ihre (Kindheits-)Ängste bestätigt, weil George sie genauso wie ihre Eltern behandelt hätte. Daraus hätte durchaus ein Konflikt zwischen Joan und George entstehen können, und genügend solcher Situationen führen leicht zu einer Ehekrise.

Joans Reaktion war völlig unverhältnismäßig. Nur reagiert sie auch auf banalere Ereignisse ganz ähnlich, wenn auch nicht so offensichtlich. Erhält sie ein Schreiben von einer Autoritätsperson, beispielsweise von ihrem Ex-Ehemann oder vom Finanzamt, dann erschrickt sie oft zu Tode, bis sie den Umschlag geöffnet hat und feststellt, daß er gar nichts Besonderes enthält. In einer solchen Situation erwartet sie unbewußt, getadelt zu werden. Wenige Wochen vor dem Vorfall mit der Windschutzscheibe war Joan wegen eines Anrufs in eine ähnliche Panik geraten. Sie war etwa eine Stunde außer Haus gewesen und hatte beim Heimkommen die Nachricht vorgefunden, daß ihre Mutter angerufen hatte und sie bat, umgehend zurückzurufen. Joan setzte sofort ihre Einkaufstasche ab und wählte voller Angst die Nummer ihrer Mutter. Als diese besetzt war, hängte sie ein und versuchte es dann immer wieder. Sie wußte, daß sie einfach nur fünf Minuten warten mußte, doch ihre Angst zu hören, sie habe »etwas Dummes« gemacht, war so groß, daß sie es nicht lassen konnte. Zwanghaft versuchte sie, irgendwie herauszufinden, was ihre Mutter wohl von ihr wollte. In der Zwischenzeit schmolz das Eis in der Einkaufstasche.

Wichtig ist in diesem Zusammenhang, daß Joan keine Kontrolle über ihre Reaktionen auf diese Erfahrungen hatte. In unserer westlichen Kultur meint man oft, Menschen seien fast immer kontrolliert, doch die Verschiebung des Bewußtseins in einen früheren Zustand, in dem Probleme nicht gelöst oder betrauert wurden, ist ein Bereich, den wir mit unserem Denken nicht ganz steuern können. *Wir können eine solche Verschiebung nicht bewußt verhindern.* Was wir allerdings können und was wir lernen müssen, wenn wir eine Heilung wollen, ist uns bewußtzumachen, daß sie stattgefunden hat.

Die folgende Liste kann dazu beitragen, den kindlichen und den erwachsenen Bewußtseinszustand zu erkennen und zu unter- scheiden. Einige häufige Formen des Denkens und Fühlens im kindlichen Bewußtseinszustand werden der wahrscheinlichen erwachsenen Realität gegenübergestellt, zu der der Betreffende vorübergehend den Kontakt verloren hat.

KINDHEIT	ERWACHSENENALTER
Gefühle und Äußerungen	*Realität*
»Ich werde nie darüber hinwegkommen, daß ...«	Alles verändert sich mit der Zeit.

»Ich halte dieses Gefühl nicht aus.«	Lassen Sie schmerzhafte Gefühle oder Angstgefühle zu, dann gehen sie bald vorüber, und Sie gehen unbeschadet aus der Erfahrung hervor.
»Niemand mag mich.«	Unter den mehreren Milliarden Menschen auf der Erde würden Sie wahrscheinlich Hunderte mögen, wenn Sie sie kennenlernen würden. Es gibt immer irgend jemanden, der Sie mag.
»Ich werde immer allein sein.«	Allein zu sein ist ein Zustand, der im Leben eines jeden Menschen kommt und geht. Die meisten Menschen sind irgendwann in ihrem Leben allein, aber »immer« ist es höchst selten der Fall.
»Ich kann es ja doch nichts ändern ...«	Außer im Falle einer Gefangenschaft oder eines Verlusts durch Tod gibt es in jeder Situation Verhaltensalternativen.
»Alle denken, ich sei ... dumm, häßlich, verrückt usw.«	Auch hier wieder gilt, daß niemals »*alle*« etwas Bestimmtes über einen denken können.

»Ich sterbe, wenn er oder sie mich verläßt.«	Ja, es wird weh tun, aber man stirbt nicht.
»Ich hätte ihn oder sie nicht so wütend machen sollen.«	Man kann bei jemand anderem kein Gefühl »machen«. Wie sich jemand fühlt, hängt damit zusammen, wie er ist, und nicht damit, was man zu ihm gesagt oder was man getan hat.
»Ich bin nicht gut genug.«	Gut genug wofür? Für wen? Niemand von uns ist in allem perfekt. Es sollte Ihnen nichts ausmachen, wenn ein anderer schlecht über Sie denkt – es sei denn, es geht um Ihren Job und der »andere« ist Ihr Chef.
»Ich habe entsetzliche Angst … vor Feuer, vor Dieben, vor der Dunkelheit, davor, ausgelacht zu werden.	Solange Sie sich nicht in unmittelbarer körperlicher Gefahr befinden, sind Sie sicher.

Einige der in unserer Liste aufgeführten Kindheitsgefühle und Gedanken sind so weit verbreitete Überzeugungen, daß wir sie selbst als Erwachsene irgendwann für wahr halten. Mit anderen Worten, das Ausmaß, in dem unsere gesamte Gesellschaft verleugnet, erzeugt einen *kulturellen* Bewußtseinszustand, der sich auf die Realität der Kindheit stützt. In gewissem Sinne ist also *niemand* von uns je erwachsen geworden!

Der entscheidende Unterschied zwischen Kindheit und Erwachsenenalter liegt darin, daß alle Kinder abhängig und fast alle Erwachsenen unabhängig sind. Es ist eine Sache, daß bei einem bestimmten Vorfall die unverarbeiteten Gefühle aus der Kindheit eines Menschen ausgelöst werden, eine andere ist es, daß fast *jeder* bestimmte Überzeugungen über das Leben von Erwachsenen hat, die in Wahrheit nur auf die Kindheit zutreffen.

Die folgende Auflistung zeigt, wie sich bestimmte Überzeugungen aus Überlegungen entwickeln, die eigentlich für die Kindheit charakteristisch sind. Zum Vergleich sind auch die tatsächlichen Charakteristika der Kindheit aufgeführt sowie das, was wir aus ihnen lernen können.

CHARAKTERISTIKA DER KINDHEIT	CHARAKTERISTIKA DES ERWACHSENENDASEINS
Die Welt ist klein (Familie).	*Die Welt ist voller Menschen.*
(»Alle«- und »keiner«-Denken:) Wenn meine Familie mich nicht will, will mich »keiner«.	Wenn ein Mensch Sie nicht will, will Sie ein anderer.
Wenn meine Familie mich kritisiert, findet mich »keiner« in Ordnung.	Wenn eine Person Sie kritisiert, ist das nur deren Einzelmeinung.
Ich sterbe, wenn sie sich nicht um mich kümmern.	*Sie brauchen »sie« nicht, um sich um Sie zu kümmern.*
(»Ich sterbe, wenn...«-Denken:) Mein Leben hängt davon ab, was sie von mir halten.	Abgesehen von Ihrem Chef ist nicht wichtig, was »sie« von Ihnen halten.

Die Kindheit dauert ewig (Zeitverzerrung).	*Nichts dauert »ewig«.*
(»Immer«-, »nie«- und »ewig«-Denken:) Wenn meine Familie mich nicht will, will mich nicht nur »keiner«, sondern auch »nie« einer. Wenn meine Familie mich kritisiert, findet mich nicht nur »keiner« in Ordnung, sondern auch »nie« einer.	Alles verändert sich mit der Zeit. *Alles.*
Bedürfnisse sind elementar und dringend.	*Elementare Bedürfnisse werden durch das Selbst befriedigt.*
(Panik, »tu doch was«-Denken:) Ich brauche von anderen Nahrung, körperliche Wärme und Liebe.	Sie können sich selbst Nahrung, körperliche Wärme, Unterkunft, Transportmöglichkeiten verschaffen, und sie können auch einmal ohne das alles auskommen.
Ein Aufschub ist gleichzusetzen mit Gefahr, Angstgefühlen und Panik (keine Perspektive).	Dringlichkeit ist selten notwendig oder angemessen.
Hilflosigkeit/Ohnmacht.	*Sie besitzen Macht.*
(»Ich kann nichts dagegen tun«-, »Ich habe keine Wahl«-Denken:) Andere bestimmen mich.	Sie haben das Recht:

• physisch (meine Bewegungen, meine Fähigkeiten, die Welt zu erkunden),	• physisch zu tun, was Sie wollen,
• geistig (was ich denke),	• zu denken, was Sie wollen,
• emotional (was ich fühle).	• Ihre Gefühle zu haben.
Andere bestimmen über meine Entscheidungsmöglichkeiten.	Treffen Sie Entscheidungen. Die Umstände können Ihre Entscheidungsmöglichkeiten einschränken, aber sie verändern sich auch.
Andere bestimmen über die Art meiner Umwelt (ob sie sicher, liebevoll, feindselig, bestrafend, chaotisch, ordentlich usw. ist).	Schaffen Sie sich Ihre eigene Umwelt. (Wählen Sie Ort, Menschen und Atmosphäre.)

Falsche, aber allgemein akzeptierte Auffassungen erkennen

Die notwendigen schmerzhaften Begegnungen mit unserer eigenen, ganz individuellen Geschichte werden leichter, wenn wir zunächst einmal verstehen, daß bestimmte Auffassungen, die uns anerzogen wurden und die wir alle als »gegeben« akzeptiert haben, falsch sind.

Wenn George Joan wegen ihrer Beziehungsprobleme verläßt, wird sie die Verlassenheit des Kindes fühlen, das sie war, als ihre Eltern ihr Vorwürfe machten anstatt sie zu trösten. Auch alle anderen Verlassenheitserfahrungen aus ihrer Kindheit wird sie in dieser Situation fühlen. Ihre Freunde werden wahrscheinlich mitfühlend reagieren und ebenfalls der Meinung sein, George habe sie verlassen. Damit bestärken sie sie in der Überzeugung, daß die Schwere ihres Traumas angemessen sei. Hat Joan dagegen an der Trauer über ihre Kindheitserfahrungen gearbeitet, dann wird sie wissen, daß das, was sie fühlt, der Kummer über die Verlassenheit in ihrer Kindheit ist – daß der Schmerz über den Verlust von George sich von dieser Verzweiflung unterscheidet. Sie wird begreifen, daß George sie nicht *verlassen* hat, denn verlassen zu werden setzt voraus, daß man von demjenigen, der geht, so abhängig ist, wie man es nur in der Kindheit ist. George ist einfach *gegangen.* Natürlich schmerzt es uns, wenn jemand geht, aber Verlassenheit ist viel mehr als ein Abschied.

Joans Freunde ignorieren wahrscheinlich alles, was sie über ihre wirklichen Schmerzen sagt. Schließlich wurden wir darauf konditioniert zu glauben, daß wir uns selbst als Erwachsene *verlassen fühlen müssen*, wenn jemand geht. Joans Freunde gehen vielleicht sogar noch weiter und sagen ihr, sie fühle sich nur noch schlechter, wenn sie »den ganzen Kindheitskram wieder aufrühre«. Selbst Therapeuten und Berater wissen nur eingeschränkt, wie oft es sich bei scheinbar durch aktuelle Ereignisse verursachten Problemen um alte, unverarbeitete Schmerzen aus der Kindheit handelt. Viele sprechen mit ihren Klienten über den *Einfluß* von Kindheitserfahrungen, wissen aber nicht sehr viel darüber, wie alte Schmerzen in unserem Leben an die Oberfläche dringen – wahrscheinlich, weil nur wenige von ihnen ihre eigene Geschichte durchgearbeitet haben.

Da es verwirrend sein kann, etwas zu betreiben, das den Normen unserer Gesellschaft widerspricht, sollten wir zunächst klären, woher die Konzepte kommen, auf die die meisten von uns konditioniert wurden. Heilung entsteht dann unter anderem aus dem fortgesetzten Bemühen darum, daß wir uns bewußtmachen, wann unsere Einstellungen durch diese gesellschaftliche Konditionierung beeinflußt werden. Erweist sich die kulturelle Argumentation als falsch, müssen wir sie als unbegründet zurückweisen. Dies erfordert unsere Bereitschaft, was wir »immer« geglaubt haben und was andere vielleicht noch immer glauben, kritisch zu beurteilen. Haben wir erst einmal begriffen, wieviel von dem, was uns beigebracht wurde, eigentlich in die Kindheit gehört, sind wir auch frei, eine uns aufgezwungene, nicht mehr angemessene Art des Denkens zu verwerfen.

Porträt einer überreagierenden Person

Die persönliche Aufarbeitung der eigenen Geschichte beginnt bei Menschen wie Joan oft dann, wenn ihnen bewußt wird, daß sie regelmäßig emotional überreagieren und daß diese Überreaktionen oft durch das Gefühl ausgelöst werden, daß jemand mit ihnen unzufrieden ist, sie nicht mag oder sie für dumm hält.

Bei Joan entwickelte sich diese Auffassung ganz allmählich, als sie sah, daß andere auf bestimmte Ereignisse nicht unbedingt so stark reagierten wie sie selbst und nicht die Ermutigung und Zustimmung zu brauchen schienen wie sie. George, der ihr am nächsten stand, machte sie als erster darauf aufmerksam. Er klagte darüber, daß sie ihn für Dinge zu brauchen schien, die sie doch eigentlich selbst erledigen können müßte – daß sie ihn oft gerade dann brauchte, wenn er Arbeit mit nach Hause brachte. Er wies auch darauf hin, daß sie sich oft wegen kleiner Fehler übermäßig viele Vorwürfe machte und dann wollte, daß er sie beruhigte. Joan wurde daraufhin bewußt, daß sie auch in anderer Hinsicht wie ein Kind reagierte und Georges Unterstützung suchte, wenn beispielsweise ihre Vorgesetzte sagte, sie wolle sie am folgenden Tag sprechen und sie deshalb vor Angst kaum schlafen konnte. Sie stellte außerdem fest, daß sie sich zurückgesetzt fühlte, wenn bei der Arbeit jemand so zerstreut war, daß er ihr Kommen am Morgen nicht bemerkte und daß sie sich bemühte, von dem Betreffenden im Lauf des Tages eine Reaktion zu erhalten, die ihre Befürchtungen zerstreute. Joan bemerkte, daß sie manchmal in Tränen ausbrach, wenn ihr jemand eine kleine, aber unerwartete Freundlichkeit erwies, doch sie begriff nicht, warum sie das zu Tränen rührte. Ihre engsten Freunde bestätigten, daß sie manchmal wie ein bedürftiges Kind reagierte und sich oft unsicher verhielt.

Für Joan war die Intensität dieser Gefühle, wenn sie nicht wirklich berechtigt waren, beunruhigend, und sie suchte deshalb Hilfe. In die Therapie kam sie allerdings, weil George immer weniger Geduld für sie aufbrachte. Sie machte sich Sorgen um ihre Ehe.

Vermeidendes Verhalten erkennen

Sobald Menschen wie Joan ihre Therapie begonnen haben, können genau die Gefühle, die ihnen Unbehagen bereiten, als Werkzeug eingesetzt werden, um zum Schmerz der verdrängten ursprünglichen Mißbrauchserfahrung vorzudringen. Und wenn sie wie Joan unrealistische Erwartungen an andere haben, läßt sich dieses Wissen nutzen, um einen wichtigen Abwehrmechanismus abzubauen. Aber was ist mit den Menschen, die gewöhnlich gar nichts fühlen?

Wie bereits dargestellt, neigen Männer offenbar eher dazu, sich Gefühlen zu verschließen, während Frauen eher zu emotionalen Überreaktionen neigen. Diese Tendenz steht offensichtlich im Zusammenhang einer kulturellen Konditionierung. Doch unabhängig vom Geschlecht der Person und vom empirisch beobachtbaren Unterschied zwischen der Reaktion, daß man in einer gegebenen Situation nichts (oder weniger als angemessen) fühlt oder daß man von extremen Gefühlen überwältigt wird, zeigt sich in beiden Fällen derselbe Wechsel in einen kindlichen Bewußtseinszustand.

Der Beobachter sieht zwei ganz unterschiedliche Bilder: Bob beispielsweise schien völlig ungerührt von dem, was mit seinem Rasen passiert war, während Joan zusammenbrach, als sie sah, was mit ihrem Wagen war. Doch trotz des äußerlichen Unterschieds reagierten beide wie die Kinder, die sie einmal waren. Bob reagierte, wie es für ihn als Kind notwendig gewesen war, um sich gegen die schmerzhafte Realität seiner Kindheit zu schützen: Er verleugnete sämtliche Gefühle und vermied sie damit vollständig. Mit der potentiell schmerzhaften Situation in der Gegenwart konfrontiert, wurde er wieder zu dem Kind, das er einmal gewesen war und setzte seinen alten Abwehrmechanismus ein. Umgekehrt war es bei Joan so, daß sie, als ihr Bewußtsein in den kindlichen Zustand wechselte, von der Panik ergriffen wurde, die immer dann auftrat, wenn sie als Kind wußte, daß man ihr sagen würde, wie dumm sie war. Joan erlebte ihre Gefühle, doch diese Gefühle waren von ihrer Ursache losgelöst. Wenn sich jemand wie Joan mit den Schmerzen seiner Kindheit auseinandersetzen will, eröffnen diese Überreaktionen einen Zugang – zunächst aber muß sie sich klarmachen, daß ihre Gefühle nicht wirklich, wie sie bisher angenommen hat, eine Reaktion auf die gegenwärtige Realität darstellen. Will dagegen jemand wie Bob mit seinen Gefühlen umgehen lernen, muß er zunächst die Überzeugung aufgeben, daß ihm nichts etwas ausmacht. Erst dann werden seine Gefühle aufbrechen.

Ob wir in einen kindlichen Bewußtseinszustand gewechselt haben, können wir also unter anderem dadurch feststellen, daß wir uns selbst beobachten und sehen, wie wir mit Ereignissen umgehen, die uns aus dem gewohnten Gleis werfen (oder werfen sollten). Die vorherrschende Tendenz sollte sich bei jedem deutlich zeigen: Wir reagieren entweder übertrieben emotional oder aber wir empfinden Problemen gegenüber offensichtlich weniger Gefühle als andere Menschen. Im zweiten Fall bewundert man uns entweder dafür, daß wir so »unproblematisch« sind, oder aber man beschwert sich, wir seien »emotional so verschlossen«. Wer eher unterreagiert, hat oft einen größeren Bekannten- und Freundeskreis als Menschen, die ihre Emotionen zeigen; denn in unserer Gesellschaft insgesamt wird ein Mangel an Emotionen eher akzeptiert als der lautstarke Ausdruck von Gefühlen. Daher werden Menschen, die sich vermeidend verhalten, je nach der relativen Nähe einer Beziehung unterschiedlich eingeschätzt. Kollegen und Bowling-Freunde bewundern sie vielleicht, während langjährige Freunde oder Lebenspartner eher klagen. Wer dagegen *stärker* gefühlsmäßig reagiert als nötig, wird oft dafür kritisiert, daß er »zu empfindlich« sei.

Wenn man sich nicht sicher ist, in welches Reaktionsmuster man tendenziell verfällt, hilft es manchmal zu überlegen, was andere über einen sagen. Ein solches Feedback holt man sich oft von seinem Lebenspartner.

Häufig findet man in einer Beziehung einen Partner, der vermeidend reagiert, und einen, der überreagiert. Viele meinen, das stelle eine gute Ergänzung dar, weil der eine Partner bestimmte Stärken hat, über die der andere nicht verfügt und sie deshalb als »zwei Seiten einer Medaille« funktionieren können. Langfristig gesehen führt eine solche Kombination aber wahrscheinlich zu Unzufriedenheit und Disharmonie, und der überreagierende Partner wird sich als erster in einer Partnerberatung einfinden.

Man kann sich aber nicht nur ein Feedback von anderen

holen, um mit seinem kindlichen Bewußtseinszustand vertrauter zu werden, sondern durchaus auch eine Zeitlang seine emotionalen Reaktionen (oder den Mangel daran) auf alltägliche Ereignisse beobachten und gleichzeitig versuchen, möglichst objektiv zu bestimmen, ob die fraglichen Ereignisse und die eigenen Reaktionen darauf (oder der Mangel an Reaktionen) zusammenpassen. Besonders bei Personen, die eher überreagieren, kann die Einsicht in Unterschiede zwischen kindlicher und erwachsener Realität und die Erkenntnis, daß einige der kulturell für Erwachsene akzeptierten Gefühle eigentlich in die Kindheit gehören, bei der Selbsteinschätzung hilfreich sein.

Weiter unten findet sich eine Reihe von Übungen, mit denen man seine Abwehrreaktionen leichter beurteilen kann. Wichtig ist aber zunächst die Erkenntnis, daß sowohl Selbstbeobachtung als auch ein Einblick in die Auswirkungen einer kulturell bedingten Verleugnung erforderlich sind, um die eigenen Reaktionen verstehen zu lernen und zu sehen, wann ein Wechsel in einen kindlichen Bewußtseinszustand stattfindet.

IV
Überreaktion und vermeidendes Verhalten in der Partnerbeziehung

Die Rückkehr in die Gefühlswelt des Kindes, das wir einmal waren, scheint zufällig. In der Regel geschieht das jedoch, wenn wir mit Menschen zu tun haben, die uns besonders nahe stehen. Tatsächlich wirkt sich die Verdrängung von Gefühlen in der Kindheit insbesondere in der Weise aus, daß wir uns unbewußt genau denjenigen Menschen zuwenden, die durch ihr Verhalten entweder unsere verdrängten Gefühle wecken oder aber unsere Abwehrmechanismen gegen sie unterminieren. Gerade wenn es um Sexualpartner oder auch um den Arbeitgeber geht, zieht es uns immer wieder zu solchen Menschen.

Unabhängig davon, ob wir eher überreagieren oder uns vermeidend verhalten, fühlen wir uns sexuell genau von solchen Menschen angezogen und gehen oft Beziehungen ein, die in irgendeiner Form zu den schmerzhaftesten und am wenigsten befriedigenden Aspekten unserer Kindheit passen. Oberflächlich betrachtet, mag dies furchtbar unlogisch sein. War man beispielsweise in seiner Kindheit mit einem emotional distanzierten, unzugänglichen und kritischen Elternteil konfrontiert, würde man doch vernünftigerweise sicherstellen, daß man sich als Erwachsener nach jemandem mit anderen Eigenschaften umsieht – nach jemandem, der warmherzig, fürsorglich, hilfsbereit und emotional offen ist. Mußte man sich umgekehrt als Kind wehren, indem man sich von seinen Gefühlen loslöste (sich verschloß), wäre es sicher vernünftig, einen Partner zu wählen, der nicht verlangt, daß man seine Gefühle offen zeigt und in Worte faßt.

Das aber sind Entscheidungen, die wir treffen *würden*, wenn wir unsere Partnerwahl bewußt und aufgrund rationaler Prozesse träfen. Nun sind es aber nicht die kognitiven, aktuell bewußten Anteile unseres Denkens, die uns in unseren persönlichen Beziehungen motivieren, sondern unsere vom Unbewußten gesteuerten Entscheidungen. Die Auswirkungen unserer verdrehten Reaktionen werden also noch komplizierter dadurch, daß wir unbewußt Menschen aussuchen, mit denen diese Art von Problemen höchstwahrscheinlich auftritt.

Die Überreaktion

Wenn Menschen auf bestimmte Situationen überreagieren, zeigen sie auch nach außen hin ein tendenziell übertriebenes Verhalten. Sie werden wütend, schlagen die Tür hinter sich zu, wenn sie das Haus verlassen, oder aber sie werden übertrieben still und schmollen sichtlich. Vielleicht weinen oder schreien sie auch oder argumentieren endlos, wenn es schon lange nicht mehr sinnvoll ist. Überreagierende Männer neigen eher zu den erstgenannten, überreagierende Frauen eher zu den letztgenannten Verhaltensweisen.

Der Erwachsene, der in bestimmten Situationen tendenziell überreagiert, war ein Kind, das die Realität verdrängte, die ihm klargemacht hätte, daß jedes Bemühen um eine Befriedigung seiner Bedürfnisse sinnlos war. Da eine solche Einsicht dem Kind jede Hoffnung genommen hätte, verleugnete es die Realität, um sich ein falsches Gefühl der Hoffnung zu verschaffen. Diese Hoffnung bildete ein Bollwerk gegen die Realität, mit der das Kind nicht fertig wurde und diente dazu, sie zu ersetzen. Die falsche Hoffnung des Kindes bildete also die Grundlage für seine Bemühungen darum, die Eltern so zu ändern, daß es bekommen würde, was es brauchte – eine Form, in der das »falsche Selbst« sich äußert.

Greift das Unbewußte eines Kindes fortgesetzt zu solchen Manövern, wird seine unrealistische Hoffnung zu einem Teil der kindlichen Abwehrstruktur. Was in der Kindheit begann, setzt sich automatisch im Erwachsenenalter fort. Die Anstrengungen des Kindes werden zu den Kämpfen des Erwachsenen, der unbewußt Situationen sucht, in denen er diesen Kampf weiterführen kann.

Das scheint im besten Falle masochistisch, im schlimmsten Falle geisteskrank. Aber beides stimmt nicht. Unser unbewußter Anteil befindet sich noch immer in der Kindheit und bemüht sich, die *Bedürfnisse des Kindes, das wir waren*, zu befriedigen – und nicht die Bedürfnisse des Erwachsenen, zu dem wir geworden sind. Ein Erwachsener, dessen Eltern unzugänglich und überkritisch waren, könnte beispielsweise meinen, daß er einen zugänglichen, ihn unterstützenden Partner braucht, um nicht noch einmal so behandelt zu werden wie früher. Kind und Erwachsener brauchen doch offensichtlich dasselbe: einen zugänglichen, hilfsbereiten Menschen, ob Vater, Mutter oder Lebenspartner. Bei näherem Hinsehen allerdings erkennen wir, daß *das Bedürfnis des Kindes sich darauf richtete, daß ein unzugänglicher, überkritischer Elterteil zu einem fürsorglichen, es unterstützenden Elternteil würde.* Das Unbewußte bemüht sich, *genau* das Bedürfnis des Kindes zu befriedigen. Diese müßige Suche ist das Ergebnis einer falschen Hoffnung, die vor so vielen Jahren als Abwehrmechanismus entstand, an den sich auch der Erwachsene noch klammert.

Solange Verdrängung und Verleugnung im Spiel sind, wird die Suche weitergehen – man sucht sich einen Partner, mit dessen Hilfe sich die ursprünglichen Bedingungen neu erschaffen lassen, so daß man sich auch bemühen kann, den

Partner zu ändern. Natürlich bedeutet das zugleich, daß alles, was der Erwachsene wirklich in einer Beziehung sucht, von diesem alten Bedürfnis überlagert wird.

Das vermeidende Verhalten

Während Überreaktionen oft unübersehbar sind, zeigt sich vermeidendes Verhalten oft nur unmerklich. Partner von Personen, die vermeidend reagieren, stellen plötzlich fest, daß sie allein reden – in einer Situation, die wenige Minuten zuvor noch ein Dialog war. Oder sie kommen von einem gemeinsamen Essen mit Freunden und rufen, kaum daß sie zur Tür herein sind, aus: »Ich ärgere mich furchtbar über Sarah, weil sie dich vor allen anderen am Tisch so beleidigt hat«, und ernten nur einen verwirrten Blick und ein Lächeln mit der Bemerkung: »Ich fand das gar nicht so schlimm. Würdest du noch die Kaffeemaschine für morgen früh anstellen?«

Als Kind hat sich solch ein Mensch wahrscheinlich unbewußt gesagt: »Wenn ich so tue, als würde hier nichts Schlimmes oder Wichtiges passieren, dann kann mir auch kein Leid geschehen.«

Menschen mit einem solchen Abwehrmechanismus sind auch vor dem Gefühl der Hoffnungslosigkeit geschützt, indem sie einfach verleugnen, daß überhaupt ein Problem existiert. Sie vermeiden unangenehme Auseinandersetzungen. Ließen sie emotionale Reaktionen auf Handlungen oder Äußerungen anderer Menschen oder auf problematische Situationen aller Art zu, würden sie sich eingestehen, daß solche Dinge wichtig sind und weh tun können. Auch wenn diese Ereignisse in der Gegenwart stattfinden, würde jedes Bewußtsein davon, wie verletzend sie sein können, die Abwehr des Kindes aufbrechen, hinter der sich die Wahrheit über die

Vergangenheit verbirgt. Um sicherzugehen, daß dies nicht geschieht, müssen fast alle gefühlsmäßigen Reaktionen auf Menschen und Situationen verleugnet und alle Konflikte umgangen werden. Wer eher vermeidend reagiert, vermeidet es auch, eine von der Mehrheit nicht akzeptierte Meinung zu haben; zumindest aber bringt er sie in bestimmten Kreisen nicht zum Ausdruck. Gelegentlich erzeugt die Verleugnung von Gefühlen einen Groll, der darin zum Ausdruck kommt, daß man sich ständig über Nichtigkeiten ärgert oder an allem herumkritisiert. Viele Menschen reagieren mit wütenden Ausbrüchen, wenn es sich nicht mehr vermeiden läßt, daß sie von etwas betroffen sind. Diese Reaktion ist dann oft hochfliegend und erschreckend, aber nur von kurzer Dauer. Übertriebene Zornesausbrüche sind ein Gefühl, das verschlossene Menschen manchmal zeigen – vor allem Männer, denn der Zorn von Männern ist sozial akzeptiert. Außerdem verschafft ein Zornesausbruch eine Erleichterung, die nicht mit dem Gefühl der Verletzbarkeit und des Schmerzes verbunden ist – den Gefühlen, die unbewußt vermieden werden. Eine emotional verschlossene Frau wird ihren Zorn weniger direkt äußern, da er sozial weniger akzeptiert ist.

Tandemreaktionen: Mary und Joe

Im folgenden Beispiel sehen wir, wie sich diese Phänomene in der Kindheit entwickeln und im Leben von Mary und Joe zum Ausdruck kommen.

Bekannte von Mary und Joe meinen, daß die beiden sich ganz gut ergänzen: Joe ist ein hart arbeitender, aber unkomplizierter Ehemann und Vater und Mary eine warmherzige, einfühlsame Frau und Mutter. In ihren ersten gemeinsamen Jahren ging alles gut. Dann wurden die beiden Kinder geboren, und obwohl Joe und Mary beide außer Haus berufstätig waren, gelang es ihnen, ihre Arbeitszeiten so zu legen, daß immer einer von ihnen bei den Kindern sein konnte. Erst nach einer belastenden Zeit der Arbeitslosigkeit von Joe zeigte sich die grundlegende Unvereinbarkeit ihrer Reaktionen.

Marys Mutter wuchs in einer von Mißbrauch geprägten Alkoholikerfamilie auf, heiratete dann einen Mann, der ebenfalls trank, und begründete auf diese Weise für Mary und ihre Geschwister wieder eine Alkoholikerfamilie. Wenn ihr Mann betrunken war, geriet er oft in Wut, brüllte herum und schimpfte, sie tauge nichts als Ehefrau. Marys Mutter war zwar erwachsen, reagierte aber auf diese Vorfälle mit Tränen und Entschuldigungen, genau so, wie sie es als Kind getan hatte, wenn ihr Vater zornig gewesen war. Nach solchen Ausbrüchen stürzte sie sich meistens in ihre Hausfrauenpflichten, weil sie versuchte, ihren Mann doch zufriedenzustellen. Gleichzeitig schien sie sehr traurig. In solchen Phasen kümmerte sich keiner um die Kinder, und keiner beschützte sie vor den lautstarken Ausbrüchen ihres Vaters.

Mary war die älteste von drei Geschwistern. Obwohl sie alle drei ihre Mutter brauchten, um getröstet zu werden und sich sicher zu fühlen, verleugnete Mary dieses Bedürfnis und verdrängte den Schmerz seiner mangelnden Befriedigung. Statt dessen übernahm sie es, sich um ihre beiden jüngeren Brüder zu kümmern, weil sie sich sagte, daß sie mit acht Jahren alt genug sei, um ihrer Mutter zu »helfen«. Marys Hilfsbereitschaft ging weit über das hinaus, was man von einem Kind erwarten würde, das »seinen Anteil« übernehmen soll. Mary hoffte unbewußt, daß, wenn sie die Pflichten erfüllte, denen ihre Mutter nicht gerecht werden konnte, Pflichten, die eigentlich von einem Erwachsenen übernommen werden müßten und die Mary zwangen, ihre normalen Freizeitaktivitäten aufzugeben, ihre Mutter nicht so traurig und gestreßt wäre und schließlich auch eher bereit, sich Mary liebevoll zuzuwenden. Mary fühlte sich viel älter und tüchtiger, als es ihrem Alter entsprach. Aber ihre Bedürfnisse und ihr Kummer wurden ihr nicht bewußt.

Marys falsche Hoffnungen setzten sich automatisch in ihrem Erwachsenenalter fort und prägten ihren Charakter. Als Kind hatte sich Mary unbewußt zum Ziel gesetzt, ihre Mutter dahin zu bekommen, daß sie ihre Bedürfnisse befriedigte. Wenn Mary nicht zu begreifen beginnt, daß sie nicht von ihren eigenen Wünschen angetrieben wird, ist die Wahrscheinlichkeit groß, daß sie einen Mann heiratet, der von ihr erwartet, daß sie weitaus mehr als ihren gerechten Anteil an Verantwortung im Haushalt übernimmt, gleichzeitig noch für ihn sorgt und nichts oder wenig für sich selbst verlangt. Wie wir sehen werden, hat Mary in der Ehe mit Joe genau das getan.

Jemand mit Marys Geschichte ergreift häufig einen Helferberuf wie z.B. Krankenschwester, in dem sie wenig Macht und Autorität besitzt und nur wenig verdient – und Mary wurde tatsächlich Krankenschwester. Bewußt sagt sie sich, daß anderen zu helfen eine erfüllende Aufgabe ist und daß persönliche Befriedigung mehr wert ist als Geld. (Viele Menschen, die sich für solche Berufe entscheiden, tun das auch aus genau diesem Grund, doch bei Mary spielt noch ein unbewußter Faktor herein.) Zu Hause will sie oft mehr Verantwortung als ihr Mann übernehmen, selbst dann, wenn sie erschöpft ist. Dies geschieht vor allem in Situationen, von denen sie hofft, daß sie sich zum Besseren wenden, wenn sich bestimmte Bedingungen ändern (z.B.: Sobald Joe seine Gehaltserhöhung bekommt, kann sie ganz zu Hause bleiben). Marys Erwartung ist eine Ausweitung ihrer falschen Kindheitshoffnungen, denen zufolge ihre Mutter irgendwann zu der starken Persönlichkeit würde, die sie brauchte. Ebenso resultieren ihre Begründungen, warum sie den Beruf der Krankenschwester gewählt hat, aus dem in ihrer Kindheit verleugneten Bedürfnis nach Trost und Fürsorge.

Auch Marys Mutter war unbewußt bestrebt gewesen, einem zornigen, alkoholabhängigen Mann – Marys Vater – alles recht zu machen. Auch sie war unbewußt motiviert gewesen, sich genau diesen Mann auszusuchen, um die in ihrer eigenen Kindheit begonnenen Bemühungen um einen Vater fortzusetzen, der ihr die Liebe nicht geben konnte, die sie brauchte. Marys Geschichte veranschaulicht, warum die Störungen in solchen Familien generationenübergreifend sind.

Obwohl Mary aktiv ihren unbewußten Versuch vorantreibt, Zuwendung durch Selbstaufopferung zu erhalten, erscheint sie als freundliche, liebenswürdige, hilfsbereite und emotional stabile Persönlichkeit. An irgendeinem Punkt aber wird sie bemerken, daß die Gegenleistung, auf die sie hofft, nicht kommt, und genau an diesem Punkt wird sie überreagieren. An ihrem Verhalten erkennt Mary vielleicht, daß irgend etwas nicht stimmt. Sucht sie dann die Hilfe, die sie braucht, um den Kummer ihrer Kindheit aufzudecken, wird sie sich ihrer wirklichen Wünsche bewußt werden und ihr erwachsenes Leben entsprechend gestalten können. Sie wird die Kette fortgesetzter Verdrängung und Verleugnung durchbrechen, so daß ihre Kinder ihr »wahres Selbst« finden können.

Wenden wir uns nun Marys Mann Joe zu. Joe wuchs in einer Familie mit drei Jungen auf, von denen er der mittlere war. Joes Vater war ein kleiner selbständiger Mechaniker, ein ruhiger, sanftmütiger Mann, der oft Überstunden machte, um die Familie zu ernähren. Joes Mutter blieb zu Hause, bis die Kinder die Grundschule hinter sich hatten, und war dann in einem Büro angestellt. In Joes Familie gab es wenig emotionale Nähe. Seine Mutter war so erzogen worden, daß sie sich als einzige Frau in der Familie grundsätzlich für Kochen, Putzen, Wäsche waschen, Schulbrote richten usw. zuständig fühlte. Auch sie war in einer emotional verarmten Familie aufgewachsen und ging den Alltag ganz nüchtern an.

Auf die Frage nach seiner Kindheit erinnert sich Joe, daß er und seine Brüder nach der Schule viel Sport trieben, abends ihre Hausaufgaben erledigten und später dann mit den anderen Jungen herumhingen und sich mit Mädchen verabredeten. Er erinnert sich an wenig Emotionalität zu Hause, selbst zwischen seinen Eltern, hält das aber nicht für ein Problem. Was Joe nicht erinnert, ist die Tatsache, daß er sich die Augen ausweinte, wenn ihn als kleiner Junge etwas verletzte, daß er bei seinen Eltern aber kaum die Wahrnehmung seines Kummers, geschweige denn Trost fand. Sein Vater war mit seinen beruflichen Angelegenheiten beschäftigt, und seine Mutter machte einfach mit dem weiter, was sie gerade tat, als sei nichts von Bedeutung vorgefallen, so daß Joe sich bald verhielt, als habe er keine Gefühle. Es mußte für den kleinen Joe schlimm gewesen sein, so mit seinem Kummer allein zu bleiben, doch er verdrängte das, um die Botschaft seiner Mutter annehmen zu können: Gefühlsmäßiger Kummer verdient keine Beachtung. Die nächste logische Ausweitung für Joes Abwehrreaktion war dann, daß nichts, was geschah, ein schmerzliches Gefühl wert war.

Als Joes Mutter ihre Arbeit im Büro aufgenommen hatte, erledigte sie weiterhin alle Hausarbeit allein und war oft spät abends noch damit beschäftigt. Sie beschwerte sich nie, und keiner kam auf die Idee, daß man diese Arbeit teilen könnte. Man rechnete gar nicht damit, daß sie irgend etwas stören könnte, genausowenig, wie irgend jemand anderen in der Familie irgend etwas hätte stören können. Wenn Joe dann tatsächlich ein Problem hatte, empfand er nur ein vages, unbestimmtes Unbehagen, auf das er reagierte, indem er

Basketball spielte oder Löcher in die Luft starrte, bis er sich wieder okay fühlte. Joe fühlte sich dann am besten, wenn er Basketball spielte und seinem Team zum Sieg verhelfen konnte. Obwohl seine Eltern normalerweise zu beschäftigt waren, um zu den Spielen zu kommen, sagte sich Joe, das sei »verständlich«. Manchmal weinte er nachts, wenn er sich verletzt hatte oder sein Team nicht gut gespielt hatte, aber das ließ er nie jemanden wissen. Er meinte, er dürfe keinen Kummer haben, daher versuchte er, ihn zu ignorieren. Gelang das nicht, verbarg er ihn vor anderen.

Als Joe Mary kennenlernte, fühlte er sich mit ihr zusammen sehr wohl. Sie schien der Typ von Frau zu sein, der bereit war, zu lieben und zu geben und nicht viel zu verlangen. Umgekehrt fühlte sich Mary von Joe angezogen, weil sie unbewußt spürte, daß er liebevolle Fürsorge brauchte, was wiederum die unbewußte »Hoffnung« aus Marys Kindheit auslöste – daß nämlich ihre Fürsorge ihn dazu bringen würde, eine größere Nähe zuzulassen. Bewußt fiel es Mary nicht schwer, Joes emotionale Distanz zu übergehen und statt dessen mehr Wert darauf zu legen, daß er ruhig und unkompliziert und kein gewohnheitsmäßiger Trinker wie ihr zorniger, alkoholabhängiger Vater war.

Joe war Zimmermann, und mit seinem und Marys Gehalt als Krankenschwester konnten sie es sich leisten, zu heiraten und eine Familie zu gründen. Beiden erschien es ganz natürlich, daß Mary genau wie Joes Mutter die Verantwortung für den Haushalt allein übernahm und gleichzeitig voll berufstätig war.

Wenn Joe keine Arbeit hat, was im Baugewerbe saisonbedingt manchmal der Fall ist, denkt er gar nicht daran, regelmäßig im Haushalt oder mit den Kindern zu helfen. Tatsächlich fiele es ihm auch außerordentlich schwer, denn wenn er nicht arbeiten gehen kann, fühlt er sich so wie vor Jahren, wenn sein Basketball-Team verloren hatte. Meistens hängt er dann im Haus herum, liest, sieht fern, trinkt weitaus mehr als sein übliches Bier nach der Arbeit – kurzum, er tut alles, um sich von der tiefen Traurigkeit abzulenken, die ihn zu überwältigen droht. Er ist ziemlich reizbar, und wenn er zu viel Bier getrunken hat, macht er Mary und den Kindern oft wütende Vorwürfe, wenn sie etwas von ihm brauchen.

Dauert dieser Zustand ein paar Wochen an, leidet Mary immer öfter unter Kopfschmerzen. Auch sie fühlt sich ständig erschöpft und schreit die Kinder an, wenn sie sich gestreßt fühlt. Sie spürt, daß etwas nicht in Ordnung ist und holt sich Rat bei einem der Ärzte, mit denen sie zusammenarbeitet. Der Arzt meint, sie könnte depressiv sein. Aus der familiären Vorgeschichte zieht er den Schluß, daß Marys Mutter ebenfalls depressiv war und daß bei Mary wahrscheinlich eine familiär bedingte Neigung zu Depressionen vorliegt. Er verschreibt ihr stimmungshebende Medikamente.

Möglicherweise verringern sich Marys und Joes Probleme vorübergehend, weil Mary nun ihre stimmungsaufhellenden Medikamente einnimmt. Doch wenn die beiden weiter die Augen vor der Tatsache verschließen, daß Marys Verhalten von einer überdauernden und destruktiven Selbstverleugnung gesteuert ist, während Joe unablässig erwartet, daß seine Bedürfnisse ohne jegliche Anstrengung seinerseits befriedigt werden, wird ihre Ehe auf die eine oder andere Art zugrunde gehen. Beide werden – jeder auf seine Art – dem anderen gegenüber feindselige Gefühle entwickeln, die ihre ursprüngliche Attraktivität füreinander ersticken wird.

Häufig erkennen Paare wie Mary und Joe schließlich doch, daß Antidepressiva nichts Gutes bewirken und bemühen sich dann um eine Partnerberatung. Das kann ein richtiger erster Schritt sein – sofern der Therapeut begreift, daß ihre Problematik auf ihren Kindheitserfahrungen beruht. Zwar läßt sich unter Umständen eine Besserung erreichen, doch eine vollkommene Heilung, in der weitgehend das Potential für eine gesunde Nähe und eine glückliche Liebesbeziehung liegt, finden sie erst durch die in diesem Buch dargestellte Regressionstherapie.

Im nächsten Kapitel untersuchen wir, wie dieselben Kräfte wirksam werden, um uns unbewußt in der Wahl unseres Berufs oder unseres Arbeitsplatzes zu beeinflussen.

V
Überreaktion und vermeidendes Verhalten
am Arbeitsplatz

Wie wir gesehen haben, fühlen sich Personen, die in ihrer Kindheit mißhandelt wurden, oft gerade von solchen Menschen und Situationen angezogen, die ihre Überreaktion oder ihr vermeidendes Verhalten auslösen. Viele entscheiden sich für einen Lebenspartner, der die Reaktion des Kämpfens oder Sichverschließens auslöst. Aber auch im Arbeitsleben gibt es zahlreiche unbewußte Eltern-Kind-Interaktionen. Sie zeigen sich dann, wenn jemand Termine nicht einhält, die ihm sein Chef vorgegeben hat, auch wenn er weiß, daß es ihn seine Stelle kosten kann; wenn jemand mit einem Kollegen konkurriert, der vom Arbeitgeber scheinbar vorgezogen wird, oder wenn ein Arbeitgeber seine Angestellten übertrieben positiv beurteilt, weil er ihren Zorn fürchtet.

Interessanterweise treten die meisten Probleme zwar deshalb auf, weil Arbeitnehmer in unbefriedigenden oder ihre Fähigkeiten unterfordernden Positionen feststecken oder für einen Chef arbeiten, der seine Angestellten mißbraucht. Es kommt aber auch nicht selten vor, daß Arbeitgeber problematische Situationen am Arbeitsplatz deshalb nicht auflösen können, weil sie selbst ihren Untergebenen gegenüber überreagieren oder sich vermeidend verhalten.

Marsha

Marsha ist eine fünfunddreißigjährige Betriebswirtschaftlerin, die in der Buchhaltung eines Industrieunternehmens arbeitet. Sie haßt ihren Job, nicht die Arbeit – die gefällt ihr eigentlich ganz gut –, sondern ihren Chef und ihre Kollegen, deretwegen sie morgens am liebsten zu Hause bleiben würde. Ted, ihr Chef, verhält sich oft so, als sei mit ihrer Arbeit etwas nicht in Ordnung. Er runzelt die Stirn, klingt verärgert und antwortet gereizt auf Marshas Fragen, als wolle er andeuten, daß sie die Antworten doch schon wissen müßte. Donna, die schon sehr viel länger in der Firma beschäftigt ist als Marsha, gibt ihr zu verstehen, daß Ted irgendwie mit ihr unzufrieden sei. Eigentlich denkt Marsha, sie sollte Ted fragen, ob er mit ihrer Arbeit tatsächlich unzufrieden ist; doch sie fürchtet sich davor. Sie will keinen Konflikt und würde ihn lieber vermeiden. Sie hofft, das Problem lösen zu können, indem sie so viel leistet, daß sich keiner beschweren kann.

Eines Tages beschließt Marsha, in eine Selbsthilfe-Gruppe zu gehen, weil es ihr helfen könnte, selbstsicherer zu werden und besser mit Menschen und Situationen umzugehen, vor denen sie sich fürchtet. Um das Gelernte in die Tat umzusetzen, bereitet sie sich innerlich darauf vor, Ted trotz ihrer Befürchtungen direkt anzusprechen. Das tut sie eine Weile ziemlich regelmäßig, woraufhin er grundsätzlich antwortet, er *sei* zufrieden – aber Donna macht immer noch anderslautende Andeutungen, und Ted runzelt immer noch die Stirn. Tatsächlich hat Ted sich ziemlich geärgert, daß er überhaupt gefragt wurde. Schließlich beschließt Marsha, das Problem zu lösen, indem sie um eine schriftliche Beurteilung bittet, woraufhin Ted sie lediglich anfaucht: »Ich habe Ihnen doch gesagt, daß Ihre Arbeit in Ordnung ist. Was für ein Problem haben Sie denn noch?« Von da an stellt Marsha keine Fragen mehr, obwohl sie sich selbst immer noch fragt, ob ihre Arbeit vielleicht nicht gut genug ist.

Donna und Florence, die Sekretärin, verhalten sich ebenfalls in einer Weise, die Marsha Unbehagen verursacht. Da Donna und Florence gute Bekannte sind, ist Marsha aus ihren

Gesprächen regelmäßig ausgeschlossen. Häufig werfen sie auch verächtliche Blicke auf Marshas Kleidung, so als wollten sie sagen: »Wer um Himmels willen hat Sie denn heute morgen angezogen?«

Vom Augenblick ihrer Einstellung an hat Marsha befürchtet, nicht gemocht zu werden – sie hatte Angst, daß man hinter ihrem Rücken über sie lachen oder sie für dumm halten könnte. Bald begann sie, morgens, bevor sie aus dem Haus ging, regelmäßig ihre Kleidung und ihr ganzes Äußeres im Spiegel genauestens daraufhin zu überprüfen, ob auch nichts irgendwie Lächerliches an ihr war. An ihrem Arbeitsplatz ist sie möglichst still, um nichts zu sagen, was irgend jemand für dumm halten könnte. Sie ist ständig von Zweifeln darüber geplagt, was die anderen wohl über sie denken. Deshalb verhält sie sich ihren Arbeitskollegen gegenüber nicht so, wie die meisten anderen Menschen es tun würden – mit dem Ergebnis, daß sie oft nicht weiß, was gerade los ist. Meistens weiß sie nicht, daß jemand einen Witz erzählt hat, bis sie dann das Gelächter hört, und dann wagt sie nicht nachzufragen, aus Angst, man könnte sie für dumm halten.

Jon

Jon, ein zweiundvierzigjähriger Lieferwagenfahrer, klagt jeden Tag über seine Arbeit. Sie ist körperlich anstrengend, und seine Firma erwartet, daß er schneller ist als er vernünftigerweise sein kann, und das trotz aller Staus und der Zeit, die er braucht, um die Kunden unterschreiben zu lassen. Er jammert dauernd, hat aber trotzdem etwas dagegen, daß man sagt, die Firma sei unfair. Dann nämlich verteidigt er ihr Recht auf eine ordentliche Gewinnspanne. Er hört grundsätzlich weg, wenn Freunde ihm raten, sich eine andere Stelle zu suchen.

Dora

Dora ist eine achtunddreißigjährige Managerin. Sie arbeitet für ein mittelständisches Unternehmen und liebt ihre Arbeit. Nur erlebt sie sie als so anstrengend, daß sie am Wochenende kaum noch mit der Hausarbeit nachkommt. Obwohl Dora allein lebt und nur sich selbst zu versorgen hat, findet sie, daß die Freitagabende immer einen plötzlichen physischen wie psychischen »Durchhänger« mit sich bringen, so daß sie nur noch in ihrem Apartment herumhängen und lesen will.

Doras Antriebslosigkeit am Wochenende steht im extremen Gegensatz zu der Energie, mit der sie bei der Arbeit und selbst an den Abenden während der Woche herumwirbelt. Sie hat in ihrer Firma eine verantwortungsvolle Position und ist bekannt dafür, daß sie in kürzester Zeit eine Menge erledigt. Ihr Vorgesetzter gibt ihr ein positives Feedback, und sie wurde schon zweimal befördert. Ihren halbjährlichen Beurteilungen zufolge kann sie nur noch Kleinigkeiten verbessern.

Dora stört allein die Tatsache, daß sie ein etwas geringeres Gehalt bekommt als andere Manager mit einer ähnlich verantwortungsvollen Position. Sie weiß, daß das deshalb so ist, weil ihre Einstellung in einen Zeitraum fiel, in dem das Unternehmen umstrukturiert wurde und nur wenige neue Mitarbeiter eingestellt wurden. Damals war sie froh, daß sie die Stelle überhaupt bekam. Dora ist bewußt, daß sie das Problem bei ihrem Vorgesetzten ansprechen sollte, und sie ist auch zuversichtlich, daß sie eine positive Antwort erhalten würde. Dennoch schiebt sie das klärende Gespräch vor sich her und fühlt sich weiter als »weniger wert« behandelt. Außerdem hat sie allem Augenschein zum Trotz ständig das Gefühl, »nicht gut genug zu sein und sich mehr anstrengen zu müssen«. Sie fühlt sich innerlich »gedrängt, mehr zu tun, besser zu sein, mehr zu tun, besser zu sein, unablässig mehr zu leisten«.

Arthur

Arthur ist ein fünfundzwanzigjähriger Büroangestellter in einem kleinen, gemeinnützigen Kunstverein. Er mag seine Arbeit, ist sich aber nicht sicher, ob er die Stelle behalten soll. Obwohl seine Leistung zufriedenstellend ist, hat sich ein Konflikt zwischen ihm und seiner Vorgesetzten Nadine entwickelt, der sich daran entzündete, daß er sie nach den Regelungen für Gehaltsverbesserungen, Urlaub und Ausfallzeiten wegen Krankheit, Leistungszulagen, Leistungskriterien, Kündigungsfristen usw. fragte. Wenn Arthur krank ist oder ein paar Urlaubstage will, gewährt sie ihm das einmal gutgelaunt und großzügig (»Laß dir ruhig Zeit«, »Mach dir keine Sorgen«), ein andermal wieder nicht (»Was ist es denn jetzt schon wieder?«). Manchmal muß er, wenn er krank ist, Urlaubstage nehmen. Seine Kollegen scheinen auch keine Ahnung zu haben, wie denn nun eigentlich die Personalpolitik aussieht.

Als Arthur die Statuten des Vereins einsehen wollte, erhielt er die Auskunft, sie seien nicht schriftlich niedergelegt und der Vorstand entscheide darüber je nach dem Stand des Spendenaufkommens. Nadine beschied Arthur, sie werde seine Fragen jeweils im konkreten Fall und nach Maßgabe der Regelungen des Vorstands beantworten. Arthur fühlte sich dadurch seiner Vorgesetzten weitaus mehr ausgeliefert, als ihm vernünftig erschien, doch er wußte nicht, was er dagegen unternehmen sollte. Wann immer er daraufhin gegen etwas protestierte, von dem er meinte, es sei nicht richtig, wurde er als »Querulant« bezeichnet und zum Sündenbock gemacht. Noch ärgerlicher wurde er, als er in einem Protokoll des Vorstands entdeckte, daß Gelder für Gehaltserhöhungen vorhanden waren und daß noch Monate später lediglich Nadines Gehalt erhöht worden war.

Bewußte und unbewußte Motive

Dieselben unbewußten Motive, die eine Rolle spielen, wenn wir uns für einen bestimmten Sexual-/Liebespartner entscheiden, bestimmen uns auch dann, wenn wir eine berufliche Laufbahn einschlagen, ein Stellenangebot annehmen oder ablehnen oder einen Job behalten, mit dem wir nicht einmal halbwegs zufrieden sind. Da allerdings alle Erwachsenen ihren Lebensunterhalt irgendwie bestreiten *müssen,* (während sie nicht unbedingt eine Liebesbeziehung brauchen), können die Gründe für die Annahme einer bestimmten Stelle oder für die Fortsetzung eines Arbeitsverhältnisses einfach praktischer Natur sein. Andererseits ist aber auch klar, daß diejenigen von uns, die die (falsche) Hoffnung entwickelt haben, andere durch ihr Verhalten ändern zu können (und die dann später überreagieren) oder die glauben, schmerzlichen Wahrheiten durch Verleugnung entgehen zu können, (und sich dann später vermeidend verhalten), sich nicht nur mit ziemlicher Sicherheit in ihrer Berufswahl von unbewußten Motiven leiten lassen, sondern auch Situationen am Arbeitsplatz akzeptieren oder fortbestehen lassen, die unangenehm oder unbefriedigend sind oder sogar einen Mißbrauch darstellen.

Bei genauerem Hinsehen stellen wir fest, daß die Situationen, in denen sich Marsha, Jon, Dora und Arthur befinden, tatsächlich einige pragmatische Aspekte aufweisen, daß in ihnen aber auch unbewußte Einflüsse aus ihrer Kindheits- geschichte und ihre Abwehrmechanismen zum Ausdruck kommen. Marsha und Dora haben beide einen Hochschulabschluß im Fach ihrer Wahl, Betriebswirtschaft und Management. Da Marshas Selbsthilfegruppe und ihre Freunde ihr keine ausreichende Hilfe bieten konnten, suchte sie eine Beratung auf. Bei der Besprechung ihrer Familiengeschichte stellte sie fest, daß sie der Sündenbock in der Familie ihrer Kindheit gewesen war.

Ihr Vater hatte sie oft ausgelacht und sie »dumm« genannt, wenn ihr ein banales Versehen unterlaufen war. Die übrigen Familienmitglieder waren dann froh, daß sie nicht Opfer seines Spotts waren und taten es ihm gleich. Richtig sicher fühlte Marsha sich nur, wenn sie allein war. Deshalb flüchtete sie sich vor solchen verbalen Mißhandlungen oft in ihr Zimmer. Zugleich verleugnete sie die Grausamkeit ihres Vaters; bewußt bewunderte sie in ihm den erfolgreichen Geschäftsmann. Marsha hoffte immer, ihm irgendwie gefallen zu können. Als sie beschloß, Betriebswirtschaftlerin zu werden, ging diese Entscheidung auf zwei unbewußte Einflüsse zurück: Sie suchte eine Arbeit, bei der sie möglichst wenig mit Menschen zu tun haben würde (um sich »sicher« zu fühlen), und sie wollte auf einem Gebiet erfolgreich sein, von dem sie hoffte, daß ihr Vater es auch anerkennen würde. Obwohl Marshas Vater wenige Monate vor ihrem Wechsel in die neue Stelle starb, strebte Marsha immer noch unbewußt nach seiner Anerkennung. Ihre Entscheidung für einen Beruf in der Wirtschaft und »ohne Kontakt zu anderen Menschen« entstand aus einer Kombination von Vermeidungsverhalten (Selbstisolation, um Sicherheit zu gewinnen) und Hoffnung (dem Versuch, dem Geschäftsmann in ihrem Vater zu gefallen – um ihm zu beweisen, daß sie nicht »dumm« war).

Doras Geschichte zeigt, daß sie das Kind war, das nicht »dazupaßte«. Sie konnte die Dinge einfach nicht »so leicht« nehmen wie ihre drei Geschwister, und sie war emotionaler und bedürftiger. Ihre Eltern bemühten sich, das Bild einer »perfekten Familie« abzugeben. In Wirklichkeit aber war ihr Vater ein heimlicher Alkoholiker mit gelegentlichen klammheimlichen außerehelichen Beziehungen, während ihre Mutter versuchte, ihre eigenen unbefriedigten Bedürfnisse nach Nähe durch Aktivitäten mit den Kindern zu befriedigen. In der Familie war immer etwas los; jeder ging ständig irgendeinem »Vergnügen«

nach und war scheinbar »glücklich«. Es gab keinen Raum für Ärger oder Traurigkeit oder eigentlich überhaupt für die Realität ihrer Beziehungen. Da es Dora schwerfiel, den Schein zu wahren, wurde ihr Verhalten oft mißbilligt, so daß sie schließlich das Gefühl hatte, sie sei nicht so gut wie die anderen und werde weniger geliebt. Sie gab sich selbst die Schuld daran, hoffte aber unablässig darauf, »es besser machen zu können«, so daß sie die Anerkennung und Liebe ihrer Familie gewinnen würde. Daher war es ganz natürlich, daß Dora eine berufliche Laufbahn in mittleren und großen Unternehmen wählte, in denen sie nur erfolgreich sein konnte, wenn sie konkurrenzorientiert und »anpassungsfähig« war.

Unbewußt entschieden sich sowohl Marsha als auch Dora für Berufe, in denen sie weiter versuchen konnten, die falschen Hoffnungen ihrer Kindheit wahr werden zu lassen, und für Jobs, in denen sie mit schwierigen, sie an ihre Kindheit erinnernden Situationen konfrontiert waren, auf die sie defensiv, das heißt, in einer für sie bedrohlichen Situation über- oder vermeidend reagierten.

Weder Jon noch Arthur hatten einen Hochschulabschluß. Arthur hatte während der Schulzeit schon im Büro und mit Computern gearbeitet, deshalb war er auch für die Stelle in dem Kunstverein qualifiziert. Jon dagegen war auf einer Ranch aufgewachsen und an die Arbeit im Freien und das Heben schwerer Lasten gewöhnt. Einen Laster zu fahren erschien ihm genau richtig. Angesichts der vorhandenen Fertigkeiten der beiden Männer und der Umgebung, in der sie sich wohl fühlen, erscheint es unwahrscheinlich, daß bei ihrer Berufswahl unbewußte Motivationen eine Rolle spielten. Da Arthur jedoch mit Problemen konfrontiert ist, in denen Mißbrauch eine Rolle spielt und sein emotionales Gleichgewicht beeinträchtigt ist, und da keiner der beiden Männer seine Situation befriedigend verbessern kann, liegt die Vermutung nahe, daß defensive Reaktionsmuster ihrer Kindheit ihre gegenwärtigen Reaktionen auf Schwierigkeiten am Arbeitsplatz beeinflussen.

Die Ranch von Jons Vater war völlig überschuldet, und ihre Wasserversorgung hing davon ab, daß im Winter reichlich Schnee fiel. Es gab kein einziges Jahr, in dem ihr finanzieller Spielraum nicht extrem eng wurde. Als einziger Junge in der Familie mußte Jon schon von frühester Kindheit an das ganze Jahr bei der Arbeit auf dem Feld mithelfen. Die Situation verschlechterte sich, als Jon die High School besuchte und sein Vater in der Stadt arbeitete. Zwar verfügte die Familie nun über ein regelmäßiges Einkommen, doch ein Großteil der Arbeit auf der Ranch blieb an Jon hängen, der zwar inzwischen die körperlichen Kräfte dafür besaß, den aber auch die Schule und die sozialen Bedürfnisse eines Teenagers beschäftigten. Beim Abendessen war er ständig müde und beim Schlafengehen völlig erschöpft. Wir sehen also, daß Jons Bedürfnisse in seiner Kindheit keine Rolle spielten und daß er seine Existenzberechtigung scheinbar daraus schöpfen mußte, daß er Einkommen für andere schuf. Wann immer Freunde aus der Stadt darauf hinwiesen, daß sein Vater unfair sei und ihn daran hindere, seinen Spaß in der Football-Mannschaft zu haben, widersprach Jon heftig und sagte ihnen, sie verstünden einfach nichts von der Arbeit auf einer Ranch.

Arthurs Probleme waren anders gelagert. Seine Eltern waren Mitglieder einer Religionsgemeinschaft, deren Aktivitäten immer geheim und manchmal auch illegal waren. Er hat nur wenige Erinnerungen an seine Kindheit, nur das vage Gefühl, daß sie von einer Art Rätsel umgeben ist. In der Schule fühlte er sich immer anders als die anderen, und er hatte nur wenige Spielkameraden. Als Erwachsener erwacht Arthur gelegentlich aus Angstträumen, in denen große nächtliche Versammlungen stattfinden, auf denen seltsame, unbestimmte Dinge vor sich gehen. Gleich nach dem Abschluß der High

School zog er mehrere hundert Kilometer vom Wohnort seiner Eltern fort. Es widerstrebt ihm, sie zu besuchen. Er tut es aber trotzdem immer dann, wenn er das Gefühl hat, er »sollte« wieder einmal zu ihnen fahren. Seine Eltern verhalten sich ihm gegenüber ausgesprochen nett. Sie rufen oft an, schreiben, schicken ihm Geld, wenn er besondere Ausgaben hat, und zeigen sich an seinem Leben interessiert. Arthur fragt sich, warum er sich mit ihnen oder wenn er an sie denkt nicht wohl fühlt. Sein Leben verläuft im allgemeinen unproblematisch, obgleich seine Beziehungen zu Frauen nie von Dauer sind und er regelmäßig in gesellschaftliche, politische oder Arbeitsplatzkonflikte verwickelt ist, in denen es um Aufrichtigkeit und Fairneß geht. Wenn er das Gefühl hat, jemand lüge oder verheimliche etwas, geht er dem Betroffenen sofort aus dem Weg, weil er kaum dem Drang widerstehen kann, etwas oder – schlimmer noch – jemanden zusammenschlagen zu müssen. Er weiß, daß er die Dinge gelassener nehmen sollte und daß seine Art zu reagieren völlig unverhältnismäßig ist. Gerät er in eine verbale Auseinandersetzung, merkt er, daß er sich nicht heraushalten kann, auch wenn etwas Wichtiges für ihn auf dem Spiel steht – seine Arbeit beispielsweise – aber er weiß nie, warum das so ist.

Verharren in Mißbrauchssituationen

Betrachten wir die Situation am Arbeitsplatz der Betroffenen, so erkennen wir, daß mit Ausnahme von Dora in allen Fällen Elemente des Mißbrauchs eine Rolle spielen.

Marshas Chef verhält sich seinen Angestellten gegenüber nicht souverän und geradlinig, sondern er wird wütend, wenn man ihm eine Frage stellt. Seine Äußerungen widersprechen seiner Körpersprache. Man kann sie nicht für bare

Münze nehmen. Dies ist eine Form von Mißbrauch, doch Marsha glaubt lieber, ihre Kolleginnen seien für diese Diskrepanz verantwortlich. Tatsächlich verhalten auch sie sich mißbräuchlich, denn sie behandeln Marsha so, daß sie sich ausgeschlossen fühlt. Marsha hat sich zwar ungeschickt in die Abteilung eingeführt, weil sie aus der Befürchtung heraus, man könne sie für dumm halten, dazu neigt, sich selbst zu isolieren; doch in einer Therapie arbeitet sie daran, das Verhalten zu ändern, das dem gegenwärtigen Mißbrauch Vorschub leistet. Leider haben Florence und Dora auch weiterhin ihren Spaß auf Marshas Kosten. (Marshas Verhalten setzt sich zusammen aus einer vermeidenden Reaktion – ihrem Chef gegenüber – und einer wenn auch noch so unmerklichen und verborgenen Überreaktion ihren Kolleginnen gegenüber).

In Doras Situation gibt es wahrscheinlich gar keinen Mißbrauch, bedenkt man, daß das einzige Zeichen für ihre Benachteiligung die Tatsache ist, daß sie weniger verdient als ihre Kollegen. Natürlich hat das seinen Grund, der wahrscheinlich behoben wird, wenn Dora etwas unternimmt, um das Problem zu lösen. Sie hat allen Grund zu der Annahme, daß sie auf die Forderung nach einem höheren Gehalt eine positive Antwort bekommen würde; daher liegt die Ursache für ihren Leistungsdruck und ihr Gefühl, »weniger wert« zu sein, wohl in ihrer eigenen Geschichte. Doras Antrieb ist die Hoffnung. Unbewußt versucht sie, in ihrem beruflichen Umfeld die »Zugehörigkeit« und Anerkennung zu finden, die ihr als Kind fehlten. Ironischerweise gehört sie »dazu«, da aber ihre Bemühungen darauf abzielen, die Vergangenheit zu fixieren, kann sie das nicht merken. Sie meint vielmehr, sie müsse weiter darum kämpfen und versteift sich auf den einen Faktor, der darauf hindeuten könnte, daß »sie« meinen, sie sei »nicht so gut« wie die anderen. (Dora reagiert eindeutig überzogen.)

Das Unternehmen, für das Jon arbeitet, stellt an seine Fahrer unsinnig hohe Leistungsanforderungen. Die Gewinnspanne ist seinen Arbeitgebern wichtiger als das Wohlergehen ihrer Angestellten. Sie nutzen Jon in derselben Weise aus wie sein Vater, als er noch jünger war. Damals wie heute ist er von seiner Arbeit erschöpft, aber anders als früher hat er heute zumindest die Möglichkeit, sich nach einer anderen Stelle umzusehen. Ohne daß es Jon bewußt würde, denkt und fühlt er wie das Kind, das er einmal war. Er fühlt sich nicht in der Lage, die Situation zu verändern und ist vollkommen davon überzeugt, daß es gute Gründe für sie gibt. Klagt er über Überanstrengung und kritisiert daraufhin jemand seine Arbeitgeber, dann verteidigt er sie und sagt, eigentlich gebe es gar kein Problem. (Unterreaktion).

Arthur kann sich vorstellen, was im Kunstverein vor sich geht, und weiß, daß er wenig tun kann, um »die Dinge in Ordnung zu bringen«, doch er bleibt, weil er den Job braucht und ihn gut erledigt und weil diese Arbeit ihm seinen Lebensunterhalt sichert. Außerdem sind ihm viele seiner Kollegen sympathisch. Mit einer anderen Geschichte im Hintergrund gelänge es Arthur eher, Bedürfnisse und Probleme in einer Weise an seine Chefin heranzutragen, die eine positive Reaktion wahrscheinlicher machen würde. Oder aber er würde sich mit dem Einfrieren seines Gehalts abfinden und gleichzeitig nach einem anderen, besser bezahlten Job Ausschau halten. Doch das ist für Arthur nicht leicht. Nadines Mangel an Aufrichtigkeit und Fairneß machen ihn wütend. Was sie tut, ist einfach »nicht recht«, und Arthur kann gar nicht anders als Dinge sagen und tun, die die Situation eskalieren lassen. Er weiß, daß Nadine wegen seines Verhaltens langsam die Geduld verliert, kann sich aber offenbar nicht bremsen (Überreaktion).

Bei allen vier Betroffenen können wir erkennen, daß sie

aufgrund des ursprünglichen Bedürfnisses, sich gegen die Erkenntnis und gegen das Gefühl des Mißbrauchs in der Kindheit zu schützen, unbewußt in ihrer Berufstätigkeit beeinflußt sind im Hinblick auf die Berufswahl und/oder weil sie auf alte, defensive Reaktionsmuster zurückgreifen, sobald es am Arbeitsplatz Probleme gibt.

Chefs mit unangemessenen Reaktionen

Arbeitgeber unterliegen am Arbeitsplatz denselben unbewußten Einflüssen wie Arbeitnehmer. Auch Entscheidungen über Einstellungen, Entlassungen, Beförderungen und Disziplin am Arbeitsplatz können von der Kindheitsgeschichte eines Arbeitgebers beeinflußt sein. Rob hat in der Trainingsabteilung einer großen Bank zwölf Untergebene, darunter zwei, bei denen er ständig zusehen muß, daß sie ordentlich arbeiten. Seit drei Jahren leitet er ihre Ausbildung, ohne daß sie merkliche Leistungssteigerungen erkennen ließen. Zwei andere Führungskräfte haben unabhängig voneinander vorgeschlagen, Rob solle die beiden in eine andere Abteilung versetzen, wo sie vielleicht besser eingesetzt wären, doch Rob hat nichts unternommen. Statt dessen macht er Überstunden mit ihnen und versucht so, einen Erfolg zu erreichen, den er unbewußt als Beweis seines eigenen Wertes verbuchen würde.

Rob, ein Einzelkind, war von Anfang an unerwünscht und wurde als überflüssig behandelt. Mehr als alles in der Welt wollte er etwas Wichtiges leisten: Er wollte gebraucht und als nützlich und fähig betrachtet werden. Die beiden genannten Angestellten sind nur die letzten einer langen Reihe solcher mißglückter Änderungsversuche. Durch seine Funktion als Vorgesetzter versucht Rob unbewußt, sein Kindheitsbedürfnis zu befriedigen.

Verdrängte Kindheitserfahrungen können Arbeitgeber in vielerlei Weise dazu bewegen, die falschen Leute einzustellen, die falschen Leute zu behalten und die falschen Leute zu entlassen. Zum Beispiel:

- Ein Arbeitgeber, der aus einer Familie stammt, in der Versprechen gegeben, aber kaum gehalten wurden, in der Bedürfnisse als unwichtig betrachtet und ignoriert wurden, kann unbewußt dahingehend beeinflußt sein, daß er inkompetente Arbeitnehmer mit Autoritätsproblemen einstellt und damit seine eigene Familiengeschichte rekonstruiert.
- Ein Arbeitgeber, dem als Kind das Gefühl vermittelt wurde, er sei dumm, kann sich von einem besonders intelligenten Angestellten leicht bedroht fühlen. Er meint vielleicht, andere könnten merken, wie intelligent der Angestellte ist und im Vergleich dazu ihn selbst für dumm halten, und so wird er Mittel und Wege finden, um seinen intelligenten Angestellten loszuwerden.
- Ein Arbeitgeber, der einen emotional labilen Elternteil hatte, bis hin zu dem Punkt, daß er zusammenbrach und vielleicht sogar stationär behandelt werden mußte, ist vielleicht mit dem Gefühl aufgewachsen, er sei dafür verantwortlich, und er hat nun Schwierigkeiten, einen Angestellten zu entlassen, der ihm das Gefühl vermittelt, er werde mit dem Verlust seines Arbeitsplatzes nicht fertig.

Sicherheit geht vor

Der Einfluß unbewußter Abwehrmechanismen läßt sich auch beobachten, wenn wir einen Arbeitsplatz beibehalten, obwohl wir ihn aufgeben sollten. Unser Chef mißbraucht uns, oder wir sind unterbezahlt – und doch bleiben wir. Barbaras Eltern beispielsweise waren unselbständig und ohne Eigeninitiative. Sie fühlte sich schuldig, als sie auszog, um ihre Ausbildung zu machen. Und als sie beschloß, eine Stelle in einem anderen Teil des Landes anzunehmen, mußte sie gegen das Gefühl ankämpfen, daß sie ihre Eltern im Stich ließ. Bald zeigte sich, daß sie eine Stelle gefunden hatte, in der ihre Arbeitgeber deutlich ihren Eltern glichen: Sie waren unfähig, ihr Geschäft richtig zu führen und vertrauten ihr gern umfangreiche, zeitaufwendige Aufgaben an, für die sie aber nur wenig bezahlten. Nach ein paar Jahren wurde Barbara klar, daß der Job keine Zukunftsperspektiven bot. Dennoch war sie nicht in der Lage, ihn aufzugeben. Panik und Schuldgefühle überwältigten sie, wann immer sie ernsthaft daran dachte. Wenn ihre Freunde sagten, sie solle sich doch nach etwas Besserem umsehen, erwiderte sie, ihre Verantwortung stelle eine Herausforderung für sie dar, und wenn sie bereit sei weiterzugehen, werde sie das schon tun.

Natürlich gibt es auch den Fall, daß man an eine Arbeit gebunden ist, die einem nicht gefällt, die man aber trotzdem aus ganz pragmatischen finanziellen Gründen nicht aufgibt. Barbaras Panikgefühle dagegen entstanden unbewußt aus der Angst ihrer Kindheit, daß ihre Eltern nicht ohne ihre Hilfe würden überleben können – und wer würde dann für sie selbst sorgen? Barbara mußte dringend lernen, trotz dieser Ängste in ihrem wohlverstandenen Eigeninteresse zu handeln, so wie sie es getan hatte, als sie für ihre Ausbildung von zu Hause ausgezogen war. (Noch besser wäre es allerdings gewesen, sie hätte ihre persönliche Geschichte in einer Regressionstherapie aufgearbeitet, um nicht immer wieder dieselbe Situation neu erschaffen zu müssen).

Die Entscheidung, einen Arbeitsplatz aufzugeben, kann sehr schwierig sein, denn unsere Ängste entstehen nicht immer aus unserer Kindheitsrealität, sondern können auch tatsächlich darauf hinweisen, daß ein unüberlegter Entschluß, beispielsweise zur Auflösung eines Arbeitsverhältnisses, noch bevor man eine andere Einkommensquelle hat, uns wirklich schadet. Andererseits sind viele unserer Ängste eben *nicht* »real«, sondern Hinweise darauf, daß wir die Verletzbarkeit, die wir als Kind empfanden, unbewußt auf unser Leben als Erwachsene übertragen. Wir machen diese Ängste an der aktuellen Situation fest, damit sie rational erscheinen.

Häufig werden solche Ängste am Geld festgemacht, das wir ja als Erwachsene wirklich brauchen, um leben zu können. Schließlich kann man mit Geld Essen, Kleidung, Unterkunft und Transportmöglichkeiten bezahlen – also unsere ganzen Grundbedürfnisse befriedigen. Die Angst vor einer finanziellen Notsituation, die entstünde, wenn wir einen Job aufgeben, ohne einen anderen zu haben, ist also durchaus real. Schreckt dagegen jemand mit einem beträchtlichen Anlageneinkommen davor zurück, vernünftige Ausgaben zu tätigen, die ihm sein Steuerberater nahelegt, weil er befürchtet, dann »bankrott« zu gehen, so können wir mit einiger Sicherheit annehmen, daß Geld eine unbewußte Bedeutung für ihn hat, an der sich unbewußte Kindheitsängste festmachen.

Betrachten wir ein weiteres Beispiel für den Einfluß unbewußter Abwehrmechanismen aus der Kindheit auf das Verhalten im Beruf. Sandy, Assistentin eines freiberuflichen Fotografen, mühte sich schon monatelang mit ihrem Arbeitgeber ab, der mit ihrer Arbeit nie recht zufrieden schien. Sandy dagegen hatte das Gefühl, er gebe ihr keine ausreichenden Anweisungen und seine Kritik sei unfair. Obwohl klar war, daß sie als Arbeitgeber und Arbeitnehmer nicht besonders gut zueinander paßten, suchte sich Sandy keinen anderen Job. Sie stand unter dem Einfluß der Erfahrungen ihrer Kindheit, in der sie das ohnmächtige Opfer der dauernden

Klagen ihrer Eltern gewesen war. Sie hatte ihre überkritische Mutter nie zufriedenstellen können, und ihr Vater hatte nicht zugelassen, daß sie verletzt reagierte oder wütend auf seine Frau war. Nun rächte sie sich passiv-aggressiv für die ungerechte Kritik ihres Arbeitgebers. Sandy dehnte ihre Mittagspause aus, beschwerte sich bei Arbeitskollegen über ihren Chef, vernachlässigte ihre Arbeit, verdrehte die Augen, wenn sie dachte, er sehe gerade nicht her, so daß sie schließlich unweigerlich entlassen wurde, ohne einen Anschlußjob zu haben. Da Sandy einen unbewußten Krieg führte, erkannte sie nicht, wie selbstzerstörerisch ihr Verhalten war – und selbst ihre Entlassung betrachtete sie nur als einen weiteren unfairen Akt ihres Arbeitgebers.

Wie wir später ausführlicher darstellen werden, sind unsere Ängste im Hinblick auf unsere Sicherheit in der aktuellen Situation meistens unbegründet. Wir müssen unser Arbeitsverhältnis allerdings mit Bedacht angehen, denn unser oberstes Ziel muß es sein, für unsere Sicherheit dann zu sorgen, wenn sie wirklich gefährdet ist, unabhängig davon, welche unbewußten Einflüsse eine Rolle spielen mögen.

Menschen brauchen Hilfe, um fühlen, wissen und begreifen zu können, was in ihrer Kindheit mit ihnen geschah, so schmerzhaft und schwierig das auch sein mag, und um sich aus dem Griff der Verleugnung befreien zu können. Solange wir der alten Realität nicht offen ins Gesicht blicken und bereit sind, die damit verbundenen Schmerzen zu fühlen, können wir auch nicht aufhören, uns auf unproduktive Weise zu schützen. Sinnloses oder sogar zerstörerisches Verhalten zu erkennen reicht nicht aus, um es zu ändern. Was wir brauchen, ist eine heilende Aufarbeitung der Kindheit.

Die nächsten Kapitel werden zeigen, wie sich das bewerkstelligen läßt.

2. Teil

Die heilende Aufarbeitung der Kindheit

VI
Symbole und Auslöser
identifizieren

In den beiden vorangegangenen Kapiteln haben wir dargestellt, welche unbewußten Antriebe uns in unserem Erwachsenenleben zu Menschen und Situationen hinziehen, in denen sich die mißbrauchsbestimmten Aspekte unserer Kindheit wiederholen. Dies ist der vergebliche Versuch unserer Psyche, unsere alten Probleme zu lösen. Leider kann uns das nicht gelingen, da diese alten Probleme in der Erwachsenenrealität eigentlich gar nicht existieren.

Damals versus heute

Was wir als »normale« Reaktionen auf schwierige Lebenssituationen betrachten, kann daher völlig kontextfremd sein. Oft hören oder sagen wir selbst solche Dinge wie: »Damit würde ich nicht fertig« oder »Das würde mich umbringen« oder »Sag ihr das nicht, das würde sie fertigmachen« oder »Ich kann ohne ihn nicht leben« oder »Das ist zuviel, das halte ich nicht aus« oder »Ich traue mich nicht, …« Alle diese Äußerungen beziehen sich in Wirklichkeit auf Realitäten aus unserer Kindheit, in der bestimmte Wahrheiten und Erfahrungen für uns tatsächlich nicht zu ertragen waren und wir sie deshalb verdrängten. Wenn nun heute etwas geschieht, das die Verdrängung durchbricht und uns zwingt, die ursprünglichen Gefühle zu erleben, bringen diese Gefühle die alte Realität wieder mit sich. Wir merken nicht, daß diese Gefühle ebenso wie unsere Interpretation der aktuellen Situation zu unserer Kindheit gehören und meinen deshalb, daß heute wahr ist, was damals wahr war.

Wir sind nicht in der Lage, diese Elemente aus unserer Vergangenheit da einzuordnen, wo sie hingehören – nämlich in unsere bewußten Erinnerungen –, weil es uns nicht gelungen ist, diese Erfahrungen vollständig zu verarbeiten, als wir sie erlebten. Grundsätzlich sind wir psychisch in der Lage, weit zurückliegende Erfahrungen zu verarbeiten, doch wenn unsere Abwehrmechanismen weiterhin so funktionieren, als sei »damals« »heute«, und dies, *ohne daß es uns bewußt würde*, können wir diese Fähigkeit nicht einsetzen.

Um ein Bewußtsein für unsere Abwehrmechanismen zu entwickeln, müssen wir zunächst erkennen lernen, wann wir überreagieren oder *mit etwas oder jemandem kämpfen* und wann wir uns verschließen oder *Schmerzen vermeiden*. Meistens folgt ein solches Verhalten bestimmten Mustern. Mit anderen Worten, wer sich selbst genau beobachtet, wird feststellen, daß er häufig dazu neigt, auf bestimmte Menschen oder Situationen in einer bestimmten »alten« Weise zu reagieren.

»Alt« nenne ich ein solches Verhalten, weil es tatsächlich ein Abwehrmanöver aus der Kindheit ist. Wichtig ist die Erkenntnis, daß kämpferisches Verhalten und Vermeidungsverhalten keine schlechten Angewohnheiten sind, die man so einfach aufgeben kann, sondern daß sie für das Unbewußte Überlebenshilfen darstellen. Deshalb können wir sie auch nicht ändern, indem wir lediglich überlegen, was wir von jetzt an tun oder lassen sollten. Wenn bestimmte Reaktionen unbewußt als für den Organismus überlebenswichtig kodiert sind, müssen wir *auf der unbewußten Ebene* arbeiten, um den Antrieb, aus dem solche Reaktionen entstehen, umzuorientieren. Wir mögen noch so gutwillig und veränderungsbereit sein, noch so viel Willensenergie besitzen – dies alles sind

Eigenschaften, die von der Aktivität des Bewußtseins abhängen, und unser Bewußtsein ist für diese Reaktionen nicht verantwortlich. Die Überzeugung, daß wir unser Verhalten ändern können, sobald wir wissen, wo das Problem herkommt, kann zu Frustration und Selbstkritik führen, wenn sich das Verhalten trotz all unserer (bewußten) Bemühungen nicht ändert. In gewisser Weise gleichen wir alle Arthur, der zwar weiß, daß es für ihn am besten wäre, er würde sich aus Auseinandersetzungen am Arbeitsplatz heraushalten, der aber einfach »nicht anders kann«. Wenn wir uns wirklich selbst helfen wollen, müssen wir da ansetzen, wo das Problem herstammt – im Unbewußten. Beginnen können wir damit, daß wir herauszufinden versuchen, was »alte« Verhaltensweisen eigentlich sind und welche Aspekte unseres Lebens tendenziell solche Verhaltensweisen auslösen.

Wann immer wir feststellen, daß wir bestimmten Personen gegenüber ständig defensiv (kämpferisch oder vermeidend) reagieren, sollte dies ein Hinweis für uns sein, daß das genau diejenigen Menschen sind, zu denen wir uns unbewußt hingezogen fühlen, weil sie eine Kindheitsrealität repräsentieren, die wir nicht bewältigen konnten. Sie werden insofern *symbolisch*, als wir die Eigenschaften unserer alten Situation auf sie projizieren und *heute* so auf sie reagieren, wie wir uns *damals* zu verteidigen lernten. Wer sich einstmals gegen eine aufgezwungene schmerzliche Realität schützte, indem er unbewußt zu der Überzeugung gelangte, daß er die Macht habe, diese Realität zu ändern, wird als Erwachsener kämpferisch reagieren; während andere, die sich in sich zurückzogen, auch dieses Verhalten als Erwachsene fortsetzen.

Kämpferisches Verhalten und emotionaler Rückzug

Wir sprachen bereits über Kinder, die ihr natürliches Wesen aufgeben, um so zu werden, wie es ihren Eltern vermeintlich gefällt. Ein stiller Junge, der gern liest, spielt dann vielleicht in der Basketball-Jugendliga und lernt, sich »wie ein ganzer Kerl« zu bewegen und zu reden. Ein übersprudelndes Mädchen mit einer natürlichen Begabung für Schauspielerei und viel Humor verwandelt sich vielleicht in ein fleißiges und ernsthaftes Kind, das sich darum bemüht, seine Eltern nicht zu stören, die mit etwas beschäftigt sind, das ihnen keine Zeit für ihre Tochter läßt, und die ihre Überschwenglichkeit auch gar nicht mögen. Beide Kinder hoffen insgeheim, daß ihr Anpassungsverhalten ihnen zu der Fürsorge und Aufmerksamkeit verhilft, die sie brauchen.

Eine solche Anpassung in der Kindheit wird beim Erwachsenen zu kämpferischem Verhalten, denn das Bedürfnis nach Fürsorge, Aufmerksamkeit und Unterstützung – was immer es im Einzelfall auch sein mag – wird nie befriedigt, und der Versuch, eine solche Zuwendung zu bekommen, ist unbewußt. Die vom Unbewußten geschaffene falsche Hoffnung verhindert, daß wir die Hoffnungslosigkeit der Situation erkennen und empfinden. Dieses Programm läuft automatisch weiter. Unsere Hoffnung bleibt erhalten und bildet weiterhin den Schutzmechanismus, der in der Kindheit erforderlich war, heute aber nicht mehr notwendig ist.

Kämpferisches Verhalten zeigt sich dann, wenn jemand unermüdlich versucht, etwas herbeizuführen, auch wenn er nur geringe oder gar keine Erfolgsaussichten hat. Interessant ist, in wie vielen unserer gängigen Sprichwörter sich auf der Ebene der volkstümlichen Weisheit ein Bewußtsein für diese Art zu kämpfen spiegelt. Von einem Erwachsenen, der darum kämpft, ein altes Bedürfnis symbolisch zu befriedigen, heißt es beispielsweise, er »rennt mit dem Kopf gegen die Wand« oder »er versucht, aus einem Kieselstein einen Diamanten zu schleifen«.

Am häufigsten zeigen sich solche Kämpfe in Beziehungen, gelegentlich aber auch in Situationen, wie wir sie bei Rob im vorigen Kapitel gesehen haben. Er hatte sich (unbewußt) bemüht, die Arbeitsleistung seiner unzulänglichen Angestellten zu verbessern, um auf diese Weise seinen eigenen Wert (in den Augen seiner Eltern) zu beweisen. Vieles deutete darauf hin, daß ihm das nicht gelingen konnte, und doch bemühte er sich immer weiter. Ein anderes Beispiel wäre jemand, der entschlossen ist, Wissenschaftler zu werden, obwohl er mathematisch nicht besonders begabt ist.

Auch zwei meiner Klienten, Helga und Mark, bieten ein solches Beispiel. Beide kommen aus Familien, in denen Vernachlässigung ein Hauptthema ist. Ihre Eltern wollten sich einfach nicht um sie kümmern und Verantwortung für sie übernehmen. Manche Kinder aus einem solchen Familientyp reagieren, indem sie schon sehr früh anormal selbständig werden und den Kontakt zu ihren Bedürfnissen verlieren. Mark und Helga wiederum taten das Gegenteil. In dem unbewußten Versuch, ihre Eltern dazu zu zwingen, daß sie sich um sie kümmerten, lernten beide nie richtig, ihr Leben in die eigenen Hände zu nehmen. Mark und Helga hatten in vielen Situationen zu kämpfen, denn solange sich keiner richtig um sie kümmerte, konnten sie die falsche Hoffnung aufrechterhalten, daß jemand eingreifen würde (so wie ihre Eltern es hätten tun sollen).

Vor Jahren hatte ich einen »Peanuts«-Cartoon an der Wand meines Wartezimmers hängen. Auf diesem Cartoon war ein Gespräch zwischen Linus und Charlie Brown dargestellt. Linus sagt, er habe »das Geheimnis der Zufriedenheit entdeckt. Man muß einfach jeden Tag nehmen, wie er kommt, und sich um das Morgen keine Gedanken machen.« Charlie Brown widerspricht: »Nein, nein, das geht nicht. Ich versuche immer noch, das Gestern besser zu machen.« Wenn wir das tun – und ohne heilende Arbeit tun wir es alle –, dann kämpfen wir.

Emotionaler Rückzug anstelle von kämpferischem Verhalten zeigt sich beispielsweise in einer Situation, in der einer die Dinge ausdiskutieren will, und der andere findet, es gebe nichts, das auszudiskutieren sei, und eine solche Diskussion sei albern – oder in der er einfach geht und sich entzieht. Ein Rückzug kann auch subtiler erfolgen, beispielsweise wenn jemand emotional offen erscheint, weil er freundlich, gesellig und gesprächig ist, aber sich ausklinkt, sobald ein Verhältnis emotional unangenehm wird, und unfähig ist, eine tiefere Beziehung zu anderen einzugehen.

Wenn ich gelegentlich das maskuline Pronomen für emotional verschlossene Personen und das feminine Pronomen für Personen, die um etwas kämpfen, das sie nicht bekommen können, gebrauche, möchte ich noch einmal betonen, daß das nicht heißen soll, *alle* Männer seien verschlossen und *alle* Frauen kämpften, denn das ist nicht so. Dennoch findet man den ersten Typus von Abwehrverhalten häufiger bei Männern und den zweiten eher bei Frauen. Beide Typen finden einander tendenziell attraktiv und gehen oft eine Beziehung miteinander ein.

Symbole identifizieren

Um gesunde Beziehungen entwickeln zu können, müssen wir erkennen lernen, welche Menschen für uns Symbole darstellen. Glücklicherweise kann das auch gelingen, und zwar unabhängig davon, ob die entscheidenden Persönlichkeitsmerkmale offensichtlich oder verborgen sind.

Unsere kulturspezifischen Methoden der Kindererziehung sind geprägt von dem, was Alice Miller als »schwarze Pädagogik« bezeichnet, einer Auffassung, nach der der Säugling und das Kleinkind als von Natur aus selbstsüchtige Wesen betrachtet werden, die andere Menschen zu ihrer Bedürfnisbefriedigung mißbrauchen und deshalb mit häufig körperlich wie emotional unbarmherzigen Methoden dazu »erzogen« werden müssen, selbstlos und uneigennützig zu sein. Die Absurdität eines solchen Denkens ist in Millers *Am Anfang war Erziehung* und *Du sollst nicht merken* meisterhaft dargestellt. Aufgrund dieser kulturspezifischen Erziehungsmuster, die viele Formen des Mißbrauchs und der Vernachlässigung von Kindern eher sanktionieren als hemmen, gibt es kaum einen Erwachsenen, der nicht ein unbewußter Träger von verdrängten Schmerzen und Wahrheiten seiner Kindheit ist. Deshalb betrachten auch die meisten Menschen bestimmte Aspekte ihres Lebens aus der Perspektive der Kinder, die sei einmal waren, und nicht aus der Perspektive der Erwachsenen, die sie sind. Diese Aspekte sind für unser Leben immer von zentraler Bedeutung, und wenn wir in bezug auf sie »Kinder« sind, sind sie für uns »Symbole«.

Wenn Sie mit der heilenden Arbeit beginnen wollen, hilft Ihnen die Einsicht in Ihre grundlegende Tendenz – das heißt, das Wissen darum, ob Sie eher mit Menschen und Situationen kämpfen oder aber sie vermeiden, indem Sie sich verschließen, und wen oder was Sie in Ihrem Erwachsenenleben zum Symbol machen. In unseren symbolischen Beziehungen nämlich fühlen und handeln wir wie die Kinder, die wir waren. Solche Symbole sind zwar oft Menschen, es kann aber auch um die Frage gehen, wo wir leben, wie wir unseren Lebensunterhalt bestreiten oder sogar darum, welchen Wagen wir fahren oder welche Kleidung wir uns kaufen wollen. Für die überreagierende Frau ist die Person oder die Situation, mit der sie kämpft und die sie erfolglos zu ändern versucht, ein Symbol. Für den vermeidend reagierenden Mann ist die Person, die ihm wichtig ist, der gegenüber er sich aber nicht »öffnen« will, ein Symbol. Menschen, die sich vermeidend verhalten, führen oft ein ziemlich einsames Leben und entscheiden sich tendenziell für Berufe mit einem hohen Maß an Selbstisolation wie Schäfer oder Feuerwehrmann, oder aber sie finden sich in Berufen wie Buchhalter oder in wissenschaftlichen Tätigkeiten, bei denen man mehr mit Zahlen als mit Menschen zu tun hat. Auch Kleidung und Autos können insofern symbolisch sein, als sie tendenziell dazu dienen, anderen etwas über den Menschen mitzuteilen, der sie trägt oder fährt. Manche Menschen treffen solche Kaufentscheidungen bewußt, um eine ganz bestimmte Wirkung zu erzielen, bei anderen erfolgen sie unbewußt. Gegenstände wie Kleidung oder Autos werden oft unbewußt eingesetzt, um einem Elternteil (auch wenn er schon tot ist) zu gefallen, indem man in der Öffentlichkeit einen Anschein erweckt, der nicht mit unserem wahren Selbst übereinstimmen muß. Ein solcher unbewußter Einfluß kann dazu führen, daß wir je nach unserer individuellen Geschichte »luxuriöser« oder »schlichter« fahren oder uns anziehen, als es ohne diesen Einfluß der Fall wäre.

»Objektive« Selbstbeobachtung

Wenn Sie die Symbole Ihres Lebens identifizieren lernen, sind Sie bald in der Lage, die Fertigkeit der »objektiven« Selbstbeobachtung zu entwickeln, die notwendig ist, um bewußte Entscheidungen dahingehend zu treffen, was Sie in einer bestimmten Situation *tun* wollen – unabhängig davon, was Sie *fühlen* mögen.

»Objektiv« bedeutet nicht, daß sie keine starken Gefühle haben, sondern daß Sie lernen, Ihren rationalen Denkprozeß vom emotionalen Anteil Ihres Selbst zu trennen, um zu *beobachten*, was in Ihnen abläuft. In gewissem Sinne halten Sie ihre Gefühle da fest, wo sie physisch existieren – in Ihrem Herzen, der Brust, dem Bauch, den inneren Organen –, während Sie die Situation mit dem Kopf analysieren. Das heißt *nicht*, daß sie nichts fühlen, sondern daß sie nicht zulassen, daß diese Gefühle Ihr Denken beeinflussen oder Ihr Verhalten diktieren.

Man kann lernen, die Art von Ereignissen zu identifizieren, die einen urplötzlich in einen kindlichen Bewußtseinszustand katapultieren: wenn man sich beispielsweise bei einem Kinobesuch sehr unbehaglich fühlt, weil man das Gefühl hat, jeder starre einen an, weil man keinen Begleiter hat; oder wenn man nie sicher ist, ob man bei Verabredungen auch »das Richtige« anhat; oder wenn man sich ausgesprochen »dumm« vorkommt, weil einem der Name eines Bekannten nicht mehr einfällt; oder wenn man stundenlang daran herumgrübelt, daß man sich in einem Gespräch besser hätte ausdrücken können. Achten Sie ganz genau auf alles, was Ihnen ständig das Gefühl gibt, Sie seien wieder das kleine Kind, das Sie einmal waren. Das erfordert einige Übung. Diejenigen Fertigkeiten zu erlernen, die für eine Heilung erforderlich sind, setzt voraus, daß Sie sich konzentrieren und üben, ganz ähnlich, wie wenn Sie eine körperliche Betätigung wie Skifahren erlernen wollen.

Reaktionen kontrollieren

Viele Menschen sind so sehr daran gewöhnt, ihre Gefühle vollständig auszublenden und automatisch auf die Ebene des Denkens zu gehen oder zuzulassen, daß ihre Gefühle ihr Denken beeinflussen, daß es ziemlich viel Zeit und Mühe kostet, diese Gewohnheiten zu ändern. Eine erste Aufgabe könnte es daher sein, sich die einzelnen Funktionen der emotionalen Reaktionen bewußtzumachen: Was geschieht in Ihrem Körper, wenn Sie etwas fühlen? Können Sie unabhängig von Ihren Gefühlen (objektiv) denken? Denken Sie anstatt zu fühlen? Denken Sie auf der Grundlage Ihrer Gefühle?

Diese Übung erfordert ein gewisses Maß an Selbstdisziplin, denn der unbewußte Antrieb, der uns dazu bewegt, gegen jemanden anzukämpfen oder Gefühle zu vermeiden, gibt uns auch das Gefühl, wir *müßten* so reagieren.

Bewußte Entscheidungen treffen

Dieser Prozeß erinnert mich an ein paar Stunden, die ich nahm, um eine spezielle Art des Pokerspiels zu erlernen. In einer der Stunden übte ich, dem Gegner in die Hand zu spielen, gleichgültig, wie gut meine Gewinnaussichten schienen. Als ich feststellte, wie schwierig es war, mein Blatt mit drei Assen wegzugeben, begriff ich auch, daß ich mit dieser Übung lernen sollte, mich emotional von einem bestimmten Blatt unabhängig zu machen. Dadurch würde ich kurzfristige Verluste eher verkraften und weniger Angst vor dem Verlieren entwickeln, eine Befürchtung, die leicht zu Fehlurteilen führt. Mit anderen Worten, ich würde meine Fähigkeit, Entscheidungen zu treffen, besser steuern können.

Bewußt eine andere Verhaltensoption zu wählen als diejenige, zu der man sich gezwungen fühlt, ist für den Erfolg dieser Arbeit von elementarer Bedeutung – und auch besonders schwierig. Der innere Zwang, sich so zu verhalten, wie man sich sonst auch verhält, ist ziemlich stark; und das Bewußtsein wird Gründe dafür finden, daß das ganz in Ordnung ist. Häufig empfindet man einen inneren Drang, der alle guten Vorsätze über den Haufen wirft.

Doch trotz aller Schwierigkeiten setzt eine Heilung voraus, daß wir die Fähigkeit zur Loslösung von unseren Gefühlen entwickeln und lernen, auf der Grundlage einer bewußten Entscheidung zu reagieren. Wenn Paare Regressionsarbeit leisten, wird die Intensität dieses Prozesses noch dadurch verstärkt, daß sie gegenseitig ihre Symbole sind. Sobald sie in der Lage sind, ihre Abwehrmechanismen zu erkennen, und bereit sind, die alten Schmerzen zu empfinden, die in ihnen aufsteigen, können sie positiv aufeinander reagieren. Partner in engen persönlichen Beziehungen sind fast immer ein Symbol füreinander insofern, als sie perfekt zu den verdrängten Bedürfnissen der jeweiligen Kindheitserfahrungen passen. Sind beide Partner bereit, daran zu arbeiten, daß sie die Auswirkungen ihrer Kindheitsgeschichte überwinden, werden die üblichen verletzten Gefühle, Auseinandersetzungen, Mißverständnisse, Enttäuschungen und Zornesausbrüche nicht mehr zu Leid und Verwirrung führen. Statt dessen beginnt der Weg der Heilung und gesunder Auseinandersetzungen. Letztendlich kann dieser Prozeß den Teufelskreis über Generationen hin gestörter Familie durchbrechen.

VII
Die Kunst der
Selbstbeobachtung

In unseren Interaktionen gibt es immer einen entscheidenden Punkt, an dem jeder von uns die Möglichkeit hat, sein defensives Verhaltensmuster aufzubrechen. Und genau darauf kommt es an: auf die Fähigkeit, diesen Augenblick zu erkennen. Diese wiederum hängt davon ab, daß man lernt, sich selbst genau zu beobachten. Ansonsten werden wir uns weiterhin von unseren Gefühlen mitreißen lassen und handeln wie bisher, ohne daß uns auch nur im geringsten bewußt würde, warum wir das tun. Erkennen wir aber den entscheidenden Punkt, dann sind wir in der Lage, anders zu reagieren. Eine solche neue Art zu reagieren ist Teil des Heilungsprozesses. Objektive Selbstbeobachtung soll nicht dazu führen, daß wir uns anders *fühlen* - zu Veränderungen des Gefühls kommen wir später. Sie soll vielmehr bewirken, daß wir anders reagieren – und dies *trotz* unserer Gefühle. Zwei Hindernisse gilt es dabei zu überwinden: die Intensität unserer gefühlsmäßigen Verfassung in symbolischen Beziehungen und unsere Angst. Wir werden zunächst einmal die erstere besprechen.

Die Macht des kindlichen Bewußtseinszustands

Zu den typischen Reaktionen auf Menschen, die in unserem Leben zu Symbolen geworden sind, zählen Herumdiskutieren, Quengeln, Jammern, Klagen, Beschuldigen, Schreien, Rückzug, Schweigen, die Behauptung, es gebe gar kein Problem und Rache, um nur einige zu nennen. Alle diese Verhaltensweisen deuten darauf hin, daß wir emotional gestreßt sind. Natürlich verfallen wir nicht in jeder Streßsituation in alte Reaktionsmuster aus unserer Kindheit, obgleich wir alle in unserem gegenwärtigen Leben zahlreiche Erfahrungen machen, die wir im besten Fall als unangenehm, im schlimmsten als extrem qualvoll empfinden. Doch wenn wir herumdiskutieren, quengeln, beschuldigen usw., gehen wir mit unserem Gefühl nicht bewußt und verantwortlich um. Oftmals reagieren wir auf eine bestimmte Person oder Situation vorübergehend in einer so unangemessenen Weise und korrigieren uns dann, sobald wir merken, was wir da eigentlich tun. In einem solchen Fall geht es wahrscheinlich nur um ein bestimmtes aktuelles Ereignis und nicht um einen symbolischen »Auslöser«. Daß wir in einer alten Kindheitsreaktion befangen sind, zeigt sich eindeutig dann, wenn wir entweder trotz eines wiederholten Mißerfolgs die Situation zuspitzen oder aber erfolglos versuchen, ihr zu entkommen und immer noch glauben, es gelinge uns doch irgendwie. Wir sind nicht in der Lage zu erkennen, daß unser Handeln nicht zu dem beabsichtigten Ergebnis führt und können es deshalb auch nicht ändern. In solchen Augenblicken hat unser Unbewußtes die Oberhand.

Wir alle kennen Paare wie Sally und Dan, die regelmäßig und in aller Öffentlichkeit darüber streiten, ob sie auf einer Party noch bleiben oder gehen sollten oder einander vorwerfen, sie würden bei solchen Gelegenheiten zu viel trinken, mit anderen flirten oder zu viel reden. Ihr Streit ist manchmal laut, manchmal leise, aber es geht nie ohne. Sie gehen offensichtlich nie nach Hause, um ihn zu klären und sich dann zu überlegen, was es damit auf sich hat. Viele von uns haben auch eine Freundin wie Lisa, die regelmäßig anruft, um über ihren Freund Martin zu klagen, weil er keine Gelegenheit zum Flirten ausläßt, die sich Rat holt und sich fest vornimmt, diesen Rat dann auch zu befolgen – nur um wenig später wieder mit demselben Problem anzurufen. Lisa sagt, sie habe gedacht, Martin habe sich gebessert, und deshalb habe sie »sich anders besonnen«. Sie wisse jetzt, daß dies ein Irrtum war, und sie wolle wirklich etwas tun, um das Problem zu lösen. Und dann geht das Ganze wieder von vorne los.

Vielleicht tolerieren wir stillschweigend die Einsamkeit in einer Beziehung, in der ein Partner meistens physisch oder emotional abwesend ist. Vielleicht befinden wir uns auch in einer Situation, in der wir ständig das Opfer einer ungerechtfertigten Reizbarkeit sind – und versuchen dennoch, immer fröhlich und umgänglich zu sein, weil wir denken, unsere Bemühungen führten zu einer Änderung, die dann doch nie eintritt. Trotzdem überlegen wir uns immer neue Verhaltensalternativen, die »funktionieren« könnten.

Wir können diesen unbewußt motivierten Prozeß umkehren und die Kontrolle über unser Verhalten gewinnen, wenn wir mit dem fraglichen Verhalten aufhören, sobald wir merken, was wir tun. Statt dessen konzentrieren wir uns auf unser Gefühl. Dazu müssen wir bereit sein, auf die Beziehung, um die es geht, zumindest vorläufig keinen Einfluß mehr zu nehmen. Das ist nicht einfach, denn in der Hitze des Gefechts fällt es einem nicht leicht, einfach loszulassen. Anders aber können wir uns selbst nicht beobachten.

Der Prozeß der Selbstbeobachtung tritt an die Stelle jedweder gewohnheitsmäßigen emotional besetzten Reaktion. Selbst ein Rückzug, so still er auch sein mag, ist ein Verhalten, das hochgradig emotional besetzt ist – auch wenn man dieses Gefühl verleugnet. Eine noch so offene und hitzige Auseinandersetzung kann ein Hinweis auf verleugnete Gefühle sein, denn der eigentliche emotionale Schmerz, der einem solchen Verhalten zugrunde liegt, bleibt den Betroffenen verborgen.

Bei schmerzhaften Gefühlen, die verleugnet werden, aber den Ausgangspunkt von Kampf oder Rückzug bilden, handelt es sich *per definitionem* um schmerzliche Gefühle aus der Kindheit, die niemals ganz bewußt erlebt wurden. Deshalb kann es ohne einen Abbruch des defensiven Verhaltens auch keine Heilung geben.

Sie sollen nun nicht etwa Ihre gewohnheitsmäßigen Verhaltensmuster einstellen, um zu einem »funktional angemesseneren« Verhalten zu kommen, so wie es anscheinend viele Therapeuten im Sinn haben, die eine Veränderung des Verhaltens als Selbstzweck anzustreben scheinen.

Der Prozeß, für den ich hier plädiere, ist kein Zweck, sondern ein *Mittel* zum Zweck. Wir setzen uns mit dem emotionalen Leid unserer Kindheit auseinander und lassen zu, daß wir es uneingeschränkt fühlen, damit wir keine in der Vergangenheit verankerten Geheimnisse mehr vor uns selbst haben und nicht mehr die Realität falsch wahrnehmen müssen, um uns vor unserem unbewußten Leid zu schützen.

Sobald Sie gelernt haben, Ihre sich wiederholenden Muster des Kämpfens oder Vermeidens zu erkennen, müssen Sie sich bewußt darum bemühen, diese eingefahrenen Reaktionen zu stoppen und statt dessen versuchen zu beobachten, was Sie fühlen. Ich sage »versuchen«, weil viele gar nichts fühlen werden, während andere heftige Gefühle erleben, die aber *nichts* mit den Gefühlen zu tun haben, die zu dem aktuellen Anlaß gehören. Ein solches Unterfangen braucht seine Zeit. Wer eher mit seinem Partner kämpft, sollte sich für seine Selbstbeobachtung am besten zurückziehen. Wer sich dagegen eher zurückzieht, sollte ein Gespräch beginnen und versuchen, seine Gefühle mitzuteilen. Wenn er daraufhin wieder allein über seine Gefühle nachdenkt, sollte das dazu beitragen, seine Abwehrhaltung zu durchbrechen. Mit anderen Worten, bestimmte Abwehrhaltungen werden am ehesten durchbrochen, wenn man das *Gegenteil* dessen tut, was man eigentlich gerade tun möchte.

Es kann nicht deutlich genug betont werden, wie schwierig es ist, sich für ein anderes Verhalten zu entscheiden als für das, zu dem man sich gezwungen fühlt. Der innere Drang, den man in einem solchen Augenblick empfindet, kommt daher, daß man unbewußt überzeugt ist, man befinde sich in existentieller Gefahr (ein Ergebnis davon, daß man in den kindlichen Bewußtseinszustand zurückgekehrt ist). Die Intensität dieses Zustands kann jede noch so feste Absicht, diesen Prozeß in die Wege zu leiten, zunichte machen. Erst später, wenn man emotional wieder im Gleichgewicht (wieder in den erwachsenen Bewußtseinszustand zurückgekehrt) ist, erkennt man im Rückblick, daß man den entscheidenden Augenblick verpaßt hat. Zunehmende Erfahrung mit diesem Phänomen und ständige Selbstbeobachtung werden Sie dennoch an den Punkt bringen, an dem Sie die wahre Bedeutung eines Vorfalls erfassen und trotz der Stärke ihres Impulses richtig reagieren.

Mit Angst umgehen

Als zweites gilt es, das Hindernis der *Angst* zu überwinden. An irgendeinem Punkt des Prozesses, in der Regel, wenn man erfolgreich damit begonnen hat, seine defensiven Manöver abzubauen, wird man von einer Angst ergriffen, die von Besorgnis bis hin zu Panik reichen kann. Das geschieht, weil die Abwehrmechanismen, die wir aufgeben, uns bis dahin vor den schmerzhaften Gefühlen geschützt haben, die uns als Kind hätten umbringen können. In unserem Unbewußten sind diese Gefühle als lebensbedrohlich kodiert. Deshalb entsteht im Verlauf dieses Prozesses immer Angst. Das Unbewußte löst Angst aus, um uns davor zu bewahren, daß wir weiter in die Erfahrung hineingehen, denn es »glaubt«, wir könnten Schaden erleiden.

Diese Angst wird sich sehr real anfühlen. Auch das liegt an der Rückkehr des Bewußtseins in die Realität der Kindheit. Was damals wahr war, aber nicht anerkannt werden konnte, fühlt sich heute wahr an. Wer dieses Gefühl erlebt, befindet sich emotional tatsächlich wieder in seiner Kindheit – nicht aber mit seinem Körper, im Raum oder in der Zeit. Diese Angst zu bekämpfen wird noch schwieriger, weil uns unser Bewußtsein für die Gegenwart gültige Begründungen für diese Angst liefert.

Manche Menschen meinen beispielsweise, wenn sie nachts allein in ihrem sicheren Haus sind und Türen und Fenster verschlossen haben, sie könnten irgendeine Einstiegsmöglichkeit übersehen haben, oder sie befürchten, ein Eindringling könnte schon früher hereingekommen sein und sich versteckt halten. Selbst wenn sie in allen Räumen und allen Wandschränken und unter allen Betten nachsehen, haben sie immer noch den Verdacht, der Eindringling könnte sein Versteck gewechselt haben, sich einen Schritt vor ihnen oder hinter ihnen befinden und immer noch anwesend sein und eine Gefahr darstellen. Andere, die nachts durch die Straßen einer Kleinstadt gehen, in der jeder jeden kennt, rationalisieren ihre Angst, indem sie sich an die äußerst geringe Wahrscheinlichkeit klammern, daß sich hinter dem nächsten Baum ein »Verrückter« verbergen könnte, den die verschlafene Unbewachtheit der Kleinstadt angelockt hat. (Ja, natürlich ist das möglich, aber auch ein Hauptgewinn im Lotto ist theoretisch möglich.) Andere, soziale Rationalisierungen scheinen gute Gründe für Angst darzustellen: Jemand erfährt, was Sie gesagt oder getan haben und schließt Sie aus; man »haßt« Sie dafür. Vielleicht befürchten Sie auch einfach, man könnte Sie

»anschreien« – etwas, das ein Kind wirklich verletzen kann, einen Erwachsenen aber nicht. Im nachhinein erweisen sich solche Überlegungen als falsch, aber zum fraglichen Zeitpunkt erscheinen sie aufgrund der Bewußtseinsverschiebung als höchst plausibel.

Auch, daß unsere gesamte Kultur bestimmte Kindheitsrealitäten für das Erwachsenenleben als wahr annimmt, beeinflußt diese Situation (siehe Kapitel drei). Wenn wir meinen, der Verlust einer Liebesbeziehung könne uns zugrunde richten und eine solche Reaktion sei für Erwachsene normal – eine Überzeugung, in der wir durch Bücher, Filme, Liedertexte und Freunde bestärkt werden -, dann kann jeder Schritt, der diese Beziehung gefährden könnte, von einer überwältigenden Angst begleitet sein. Bei dieser Überzeugung handelt es sich in Wirklichkeit um eine kulturell akzeptierte unbewußte Projektion einer Kindheitsrealität (Verlassenheit) auf das Erwachsenenleben. Betrachten wir sie weiterhin als Erwachsenenrealität, dann reagieren wir auf unsere Angstgefühle, indem wir uns zu schützen versuchen und sind nicht in der Lage, unsere Abwehr aufzugeben.

Früher einmal stellten emotionale Traumen, die wir nicht bewußt erleben konnten, eine Bedrohung für unser physisches Überleben dar. Wenn wir uns also so verhalten, daß die nicht erlebten Gefühle an die Oberfläche dringen, empfinden wir eine Angst, die so groß ist wie in einer lebensbedrohlichen Situation. Mit Ihrer neu entwickelten Fähigkeit zur Selbstbeobachtung können Sie diese Situation bewältigen. Sobald Sie merken, wie sehr Sie sich ängstigen, sollten Sie sich kurz umsehen und sich fragen, ob irgend etwas Ihre *körperliche* Sicherheit bedroht. Heißt die Antwort nein, dann setzen Sie den begonnenen Prozeß fort und widersetzen sich der Versuchung, entsprechend Ihrer Angst zu handeln. An diesem Punkt sagen viele: »Aber ich habe das *Gefühl*, meine Sicherheit sei bedroht.« Das kommt natürlich daher, daß sie sich in diesem Augenblick in ihrem kindlichen Bewußtseinszustand befinden, das heißt, *alles* fühlt sich so an wie *damals.* Man muß das oft genug erleben, um im Rückblick erkennen zu können, daß es eigentlich nichts zu befürchten gibt. An irgendeinem Punkt wird man dann in der Lage sein, gegen die Angst zu handeln und weiter den Weg zum Erleben des verdrängten Kindheitsleids zu bahnen.

Das Phänomen der Angst kann sogar sehr sinnvoll sein, weil es bewirken kann, daß man den Schmerz verdrängter Erfahrungen fühlt (was wiederum Trauer und damit Heilung ermöglicht). Dennoch ist es oft schwer, genau zu wissen, was das richtige Verhalten ist, vor allem, wenn einen starke Gefühle überwältigen. Zum Glück kann einem die Angst helfen, das herauszufinden, denn sie wird einen von all dem *abhalten*, was dem Heilungsprozeß am meisten dient. Da Ihre Angst Sie also vor etwas schützen will, das Sie erleben müssen, sollten Sie einfach *gegen Ihre Angst handeln* – also all das tun, wovon sie Ihnen »abrät« (oder all das nicht tun, was sie Ihnen nahelegt zu tun). Haben Sie die spezifischen Umstände abgeklärt und festgestellt, daß Ihnen keine wirkliche körperliche (oder finanzielle) Gefahr droht, dann tun Sie genau das, *wovor Sie sich fürchten*. Die aus Ihrem Inneren heraus entstandene Angst ist wie ein Wegweiser, der Ihnen die Richtung weist, doch es braucht Mut, ihm zu folgen. Wenn Sie dann noch im nachhinein überlegen, ob Ihnen wirklich etwas hätte »passieren« können, wächst vielleicht auch der Mut, den Sie brauchen.

Schritte auf dem Weg zur Heilung

Jeder muß sich mit solchen Situationen erfolgreich auseinandersetzen, den starken emotionalen Antrieb und die Angst überwinden, um den Heilungsprozeß vorantreiben zu können.

Geschieht etwas, das verdrängte Kindheitsgefühle in Ihnen auslöst, und befinden Sie sich gerade in einer Situation, die Sie daran hindert, sich Zeit zu nehmen und hinauszugehen, bedarf es einer noch größeren Anstrengung, um zu verhindern, daß Sie von ihren Abwehrhaltungen beherrscht werden. Wenn Sie an Ihrem Arbeitsplatz sind, können Sie sich manchmal entschuldigen, in den Aufenthaltsraum gehen und weinen – vorausgesetzt, Sie sind nicht laut und bleiben nicht lange. Doch wenn das weder angemessen noch praktikabel ist oder wenn Sie zu Hause sind und die Kinder Sie brauchen, müssen Sie die Arbeit der Regression zu Ihren Gefühlen aufschieben.

In solchen Fällen wird es Ihnen wahrscheinlich ziemlich schwerfallen, Ihre Abwehrmechanismen unter Kontrolle zu bringen. Dieser Anstrengung müssen Sie sich dennoch unterziehen. Wenn es Ihnen gelingt, sollten Sie das Gefühl in Ihrem Körper zurückhalten, bis Sie die Arbeit, an der Sie gerade sind, erledigt haben. Dabei hilft es Ihnen vielleicht, sich einen kleinen Korb in Ihrem Bauch oder Magen vorzustellen, in dem das Gefühl aufbewahrt wird. In gewissem Sinne sparen Sie es sich für später auf, indem Sie bewußt das Unbehagen in Ihrem Körper spüren, während Sie sich zugleich äußerlich normal verhalten. Das heißt nicht, daß Sie das Gefühl erstikken. Es zu ersticken würde bedeuten, daß Sie es unterdrücken und bewußt versuchen, ihm auszuweichen.

Wie Sie sehen, müssen Sie das überwinden, was im Augenblick Ihr Bedürfnis zu sein scheint, ebenso wie die Angst, die aufsteigt, wenn Sie beginnen, Ihre Abwehr aufzubrechen, um Kontakt zu dem Kindheitsschmerz zu bekommen, der Ihrem Kämpfen oder Ihrem Vermeidungsverhalten zugrunde liegt. Der Zugang zu den schmerzhaften Gefühlen, die bis dahin durch defensives Verhalten verborgen blieben, bahnt den Weg zu der Trauer, die nie erlebt wurde, aber nun erlebt werden kann. Diese anfängliche Trauererfahrung eröffnet einen kurzen Ausblick auf den erwachsenen Bewußtseinszustand und einen Vorgeschmack darauf, wie es ist, von unbewußten Einflüssen frei zu sein. Wenn Sie Ihre Trauerarbeit fortsetzen und immer mehr Zeit im erwachsenen Bewußtseinszustand verbringen, können Sie damit rechnen, daß Ihnen diese guten Gefühle immer vertrauter werden.

VIII
Die entscheidende Bedeutung des Trauerprozesses

Wenn wir in der Beziehung zu unseren Symbolen defensiv reagieren, haben wir eine Verschiebung in den kindlichen Bewußtseinszustand vollzogen. Auf diese Weise sind unsere Abwehrhaltungen entstanden. Kämpfen wir gegen etwas oder vermeiden wir es, dann befinden wir uns *immer* in unserem kindlichen Bewußtseinszustand. Ist uns dies nicht bewußt (wie den meisten Menschen, die keine Informationen darüber zur Verfügung haben), so handeln wir auch weiterhin aus dem kindlichen Bewußtseinszustand heraus – und das kann nie zu einem guten Ergebnis führen. Erkennen wir aber, daß dieser Wechsel des Bewußtseinszustands stattgefunden hat und daß unser Abwehrverhalten der Schlüssel dazu ist, können wir versuchen, innezuhalten, uns zurückzuziehen und in uns hineinzuhören. Wenn uns das gelingt, fühlen wir das in der Kindheit Geschehene in seiner reinsten Form, unbeeinflußt von allem, was seit dem ursprünglichen Mißbrauchserlebnis geschah, das unsere Gefühle blockierte.

Im Verlauf der Regression sind wir uns zwar als Erwachsene ganz sicher, schmerzhafte Gefühle zu empfinden, unser Unbewußtes gibt uns aber dennoch das *Gefühl*, so sicher seien sie gar nicht. Diese Erfahrung wird sich nämlich so gefährlich anfühlen, wie sie in der Kindheit tatsächlich gewesen wäre. Wenn wir unsere Abwehr aufgeben, heben wir unsere Blockade auf und sind damit in der Lage, den einst so gefährlichen Schmerz zu fühlen. Nur fühlen wir ihn dann auch *genau so, wie wir ihn damals gefühlt hätten*, und wir fürchten uns auch genau so davor, ihn zu fühlen.

Wir erinnern uns, daß das Unbewußte die Gefühle verdrängt, *bevor* sie empfunden werden können. Daher wurden sie bis zum aktuellen Zeitpunkt, an dem sie wie eine Reaktion auf einen gegenwärtigen Vorfall auftauchen, *nie* wirklich erlebt. Diese Gefühle sind uns nicht zugänglich, wenn wir über unsere Kindheit sprechen und uns bewußt erinnern. *Allein* die in der aktuellen Auseinandersetzung mit unseren Symbolen aufbrechende emotionale Reaktion ermöglicht uns den Zugang zu unseren unbewußten Erinnerungen, weil wir dabei emotional in die Zeit vor der Blockade zurückkehren. Dieser Prozeß erlaubt uns, erneut zu durchleben, was damals geschah – nur haben wir jetzt auch die Kraft dazu.

Eine Erinnerung durchleben

Um eine Erinnerung heute zu durchleben, müssen wir:

1. uns bemühen, die Erfahrung in keinerlei Weise zu steuern;
2. willens sein, alles, was geschieht, zu fühlen;
3. so weit wie möglich in die Erfahrung »hineingehen«.

Völlige Offenheit wird diesmal dazu führen, daß wir die zuvor aus dem Bewußtsein verdrängten Erinnerungen ins Bewußtsein holen; doch die Angst, mit der Erfahrungen der Regression fast immer einhergehen, erschwert ein solches Sichausliefern.

Im letzten Kapitel sprachen wir über die Notwendigkeit, auf diese Angst zu reagieren, indem wir zunächst die äußere Realität daraufhin überprüfen, ob keine reale Gefahr – physischer oder finanzieller Art – vorhanden ist. Zwar kommt unsere Angst, ebenso wie die Gefühle, die wir empfinden wollen, aus dem Unbewußten; dennoch stützen wir uns in diesem Teil des Prozesses auf unsere bewußten, rationalen Fähigkeiten. Da sich unser bewußtes Denken in unserer gegenwärtigen Erwachsenenrealität vollzieht, finden wir mit seiner Hilfe heraus, ob irgendeine reale Gefahr existiert. Sobald wir uns vergewissert haben, daß unsere Sicherheit nicht aktuell bedroht ist, können wir fortfahren, durch unser bewußtes Denken die Auswirkungen dieser Angst zu überwinden.

Wahrscheinlich haben Sie Ihr ganzes Erwachsenenleben lang zwischen gegenwärtiger und vergangener Wirklichkeit – zwischen Kindheit und Erwachsenenleben – hin- und hergewechselt. Möglich wäre sogar, daß Sie tatsächlich mehr Zeit in Ihrer Kindheitsrealität verbracht haben als in Ihrem erwachsenen Bewußtseinszustand. (Manche berichten sogar, sie hätten sich vor dieser Arbeit *nie* in einem umfassenden, authentischen erwachsenen Bewußtseinszustand befunden.) Leider aber hat es diese Verschiebungen gegeben, ohne daß es Ihnen auch nur irgendwie bewußt geworden wäre.

Je häufiger Sie sich selbst beobachten und lernen, die dargestellten Konzepte zu verstehen, desto eher sollten Ihnen aber auch die Verschiebungen des Bewußtseinszustands bewußt werden. Bemerken Sie, daß Sie sich plötzlich wie das Kind in Ihrer Ursprungsfamilie fühlen, hat eine Verschiebung des Bewußtseins stattgefunden. Wenn Sie dies beobachten, bedeutet das aber zugleich, daß Sie sich bewußt machen oder machen können, daß Sie nicht wirklich in diese Situation zurückversetzt sind. Diese Fähigkeit – sich wie in der Kindheit zu *fühlen*, aber zugleich zu *wissen*, daß Sie sich in einer anderen Situation befinden, ermöglicht es Ihnen, trotz Ihrer Ängste und anderer Gefühle, die Sie beeinträchtigen, ein gewisses Gleichgewicht zu bewahren. Nicht, daß Sie diese Gefühle nicht wahrnehmen würden – denn es ist wichtig, daß Sie sie empfinden; doch ein Teil Ihrer selbst (nämlich das gegenwärtige

Bewußtsein) weiß, daß nichts geschieht, was die belastenden Gefühle als gegenwärtig rechtfertigen würde und daß keine Notwendigkeit besteht, irgend etwas anderes zu *tun* als sie zuzulassen.

Trauern lernen: Brian und Ida

Betrachten wir einmal, wie vermeidend reagierende und überreagierende Personen solche Augenblicke normalerweise durcharbeiten. Brians Job war gut bezahlt, und das war wichtig für ihn und seine Familie. Die Arbeit selbst, bei der er häufig auf Geschäftsreisen war, gefiel ihm aber auch. Seine unmittelbaren Vorgesetzten jedoch besaßen keinerlei Berufsethos. Sie waren in unlautere Geschäfte verwickelt und betrogen ihre Angestellten finanziell, wann immer sie die Möglichkeit dazu hatten. Wenn Brian sich mit einem von ihnen auseinandersetzen mußte, wurde die Angelegenheit regelmäßig verschleppt und Brian ausmanövriert. Bevor Brian mit der Regressionsarbeit begonnen hatte, rationalisierte er gewöhnlich das Verhalten seiner Arbeitgeber. Er zuckte mit den Schultern und spielte es herunter. Dann beschloß er, daß die fragliche Angelegenheit »unwichtig« sei, verzichtete auf sein Bedürfnis nach einer Klärung der Situation und paßte sich einfach irgendwie an. In seinen Gesprächen mit Kathy erwähnte er solche Vorfälle nur beiläufig, während Kathys Reaktion gewöhnlich heftiger war. Das führte oft zu Auseinandersetzungen zwischen ihnen, denn Brian war daran interessiert, solche Vorfälle klein zu halten. Er wollte sich nicht mit solchen Dingen oder, wichtiger noch, mit den Gefühlen, die sie in ihm hervorriefen, auseinandersetzen. Der Streit mit Kathy zwang Brian allerdings zu dem Eingeständnis, daß das Verhalten seiner Arbeitgeber ihm wirklich Unbehagen bereitete; und da sich das nicht änderte, fühlte er sich bei seiner Arbeit zunehmend emotional unter Druck.

Brian erkannte schließlich, daß er im Hinblick auf die Gefühle, die seine Arbeitgeber in ihm auslösten, dasselbe Verfahren anwenden mußte wie in seiner Familie. Er wußte, daß sein Unbehagen wirklich in der gegenwärtigen Realität verankert war; zugleich aber wußte er, daß dieser Job die Gefühle seiner Kindheit in ihm wachrief, in der er den Eindruck gehabt hatte, seine Bedürfnisse würden ignoriert und sein Leben werde von seinen Eltern kontrolliert. Ein gemeinsames Element zwischen Vergangenheit und Gegenwart war, daß Brian in beiden Fällen das Problem nicht lösen konnte. Er konnte, zumindest in nächster Zukunft, nicht einmal eine neue Stelle suchen, denn seine jetzige war besser bezahlt als alle, die er in ihrer Kleinstadt hätte bekommen können.

An seinem Arbeitsplatz konnte Brian nicht wie zu Hause in die Situation »hineingehen« und seine Gefühle mit Worten zum Ausdruck bringen, denn das hätte seinen Arbeitsplatz gefährdet. Als er sich eingestand, wie problematisch das Verhalten seiner Arbeitgeber war und wie sehr es sich auf ihn selbst auswirkte, konnte er auch den Schmerz der Kindheitserlebnisse empfinden, mit denen diese Gefühle zusammenhingen.

Brian sah zu, daß er nach seinem Arbeitstag zu Hause erst einmal allein war. Er setzte oder legte sich ruhig hin und versetzte sich in Gedanken noch einmal ins Büro zurück. Als er sich seinen Vorgesetzten vorstellte, wurde ihm klar, was er ihm an diesem Tag wirklich gern gesagt hätte, und er fing an, laut mit ihm zu sprechen. Für Brian war es zunächst ziemlich schwierig, auch nur zu wissen, was er sagen wollte, denn er war daran gewöhnt, seine Gefühle zu ignorieren. Er begann nur zögernd und hielt immer wieder inne, um über seine Äußerungen nachzudenken. Allmählich aber kamen die Worte schneller und leichter, dann wurden sie immer lauter, bis Brian schließlich mit erhobener Faust vor Wut brüllte. Diese Wut verwandelte sich urplötzlich in einen Tränenausbruch, und Brian empfand in der Herzgegend ein überwältigendes Gefühl von Traurigkeit und Verlust. Brian weinte wie der hilflose kleine Junge, der er gewesen war und der keine Möglichkeit gehabt hatte, eine doch offensichtlich so falsche Situation zu ändern. Obwohl Brian sich erschöpft fühlte, als seine Tränen trockneten, war ihm auch klarer, wie er sich als Kind gefühlt hatte.

Nach einigen vergleichbaren Erlebnissen konnte Brian seine Gefühle am Arbeitsplatz schon dann erkennen, wenn sie auftauchten, und sich das Geschäftsgebaren seiner Arbeitgeber eingestehen. Er war jedoch weitgehend befreit von dem massiven, mit seinen Kindheitserlebnissen zusammenhängenden Streß, der mit dieser Erkenntnis zunächst verbunden gewesen war. Wenn die alten Gefühle gelegentlich wieder in ihm hochstiegen, war ihm bewußt, daß nicht das Verhalten seines Arbeitgebers ihn dazu bewegen konnte, solche Gefühle zu empfinden. Obwohl er die Situation nicht mehr herunterspielte, wußte er auch, daß er in der Situation nicht zu reagieren brauchte, sondern daß es wichtiger für ihn war, die Ereignisse der Vergangenheit zu fühlen. Natürlich suchte er gleichzeitig unter den Stellenangeboten nach einem besseren Arbeitsplatz, der ebensogut bezahlt war.

Um denselben Prozeß bei jemandem darzustellen, der eher überreagiert, betrachten wir Ida, die mit einem Vater aufwuchs, der leicht aus der Haut fuhr. Er schlug nie jemanden, doch er brüllte und fluchte und warf mit Gegenständen um sich, wenn er frustriert war. Idas Mann Hank war genau so. Ida fürchtete sich, wenn er in Wut geriet, weil sein Verhalten Kindheitsgefühle in ihr wachrief. Zugleich wunderte sie sich über ihre Angst, denn sie erinnerte sich, daß sie während der

Wutausbrüche ihres Vaters immer einfach in ihr Zimmer gegangen war und den Eindruck gehabt hatte, sie machten ihr eigentlich nichts aus. Die intensive Angst, die sie empfand, wenn Hank explodierte, war das Gefühl, gegen das sie sich in der Vergangenheit gewehrt hatte.

Nachdem Ida gelernt hatte, sich einigermaßen objektiv zu beobachten, konnte sie die aktuelle Situation allmählich rationaler beurteilen, obwohl sie sich weiterhin fürchtete. Das erste Mal gelang ihr das richtig, als sie und Hank auf einer Reise aus dem Restaurant kamen, in dem sie gegessen hatten, und feststellten, daß an ihrem Wagen ein Reifen platt war. Hank wurde wütend, fluchte, versetzte dem Reifen Fußtritte, warf den Wagenheber hin und so weiter. Ida beobachtete, wie sehr sie sich fürchtete, überließ sich der Intensität des Gefühls in ihrem Magen und ihrer Brust und registrierte, wie hastig und flach sie atmete. Zugleich achtete sie auf das, was wirklich geschah – ja, Hank brüllte tatsächlich und warf mit Gegenständen um sich, aber für sie selbst bestand keine aktuelle Gefahr. Sie konnte feststellen, daß Hank keinerlei Absicht hegte, ihr etwas anzutun, und sie wußte aus Erfahrung, daß er ihr niemals wehtat. Damit war klar, daß ihre Furcht von den Erfahrungen mit ihrem Vater herrührte. Auch er hatte nie jemanden körperlich verletzt, doch da ein Kind nicht in der Lage ist, aus vergangenen Erfahrungen Schlußfolgerungen zu ziehen, war die Angst vor dem, was er *hätte tun können*, ein Teil der Erfahrung, die Ida allerdings verdrängt hatte. Nun aber wußte Ida, daß die Angst »alt« war und daß keine reale, aktuelle Gefahr bestand, und so konnte sie auch dastehen, ihrem Mann zusehen und zuhören und sich fühlen wie das kleine Kind, das sie bei den Wutausbrüchen ihres Vaters gewesen war. Als sie sich dieser Angst des Kindes überließ, liefen Tränen über ihre Wangen.

Die Formulierung »die Angst des Kindes« klingt vielleicht merkwürdig. Wir sagen in der Regel eher »eines Kindes« oder (in manchen neueren Büchern) »meines Kindes«. Ich formuliere hier absichtlich anders. »Das Kind« im Sinne von »dieses Kind« ist zutreffender, weil wir in die Realität unserer eigenen Kindheit zurückkehren, wenn unser Bewußtsein in seinen kindlichen Zustand wechselt. »Ein Kind« würde implizieren, daß jeder dieselben Kindheitsgefühle hat, und das stimmt nicht. Natürlich gibt es bei allen Menschen vergleichbare Erfahrungen, doch die Ereignisse unserer Kindheit und die damit zusammenhängenden schmerzlichen Erfahrungen sind jeweils eigen und ganz individuell.

»Mein Kind« wäre aus mehreren Gründen unzutreffend. Wir sind, ganz unabhängig von unserem Bewußtseinszustand, ganz offensichtlich erwachsen. Die Vorstellung, daß wir ein »inneres Kind« haben (und dies ist der Ursprung der Bezeichnung »mein Kind«), sollte eigentlich eine Metapher für diesen kindlichen Bewußtseinszustand sein. Nur wurde der Ausdruck häufig wörtlich verstanden. Manche Therapeuten haben das Konzept sogar noch ausgebaut und sprechen nun nicht nur von »deinem Kind«, sondern stützen ihren Therapieplan auch darauf, daß »dein Erwachsener« ihm heute die Fürsorge schenkt, die es früher nicht bekam. Das halte ich nicht nur für falsch, sondern auch für gefährlich, denn ein solches Konzept zerstückelt unser Selbst – wo doch manche Menschen gerade eine Zerstückelung ihres Selbst in multiple Persönlichkeiten als Abwehr einsetzen. Was wir brauchen, ist mehr Integration und nicht mehr Aufspaltung. Außerdem ist ein solches Konzept einfach unsinnig. Erstens »haben« wir kein inneres Kind. Und wenn es doch so wäre, könnten wir die Vergangenheit durch unser heutiges Verhalten auch nicht ändern. Selbst wenn wir die Formulierung als die Metapher ansehen, die sie ist, meinen wir vielleicht, es sei möglich, in jenem kindlichen Bewußtseinszustand die alten Verletzungen zu heilen, indem wir uns jetzt die Liebe geben, die wir früher nicht bekamen. Manche Therapeuten fördern in Gruppensituationen die Regression der einzelnen Teilnehmer in einen kindlichen Bewußtseinszustand und fordern sie dann auf, das Kind in ihnen mit liebevollen Worten »auf der Welt willkommen zu heißen«. Das fühlt sich momentan wahrscheinlich sehr gut an, bewirkt aber keine Heilung. Wir sind nicht mehr das Baby, das wir einmal waren, und *nur* für das Baby war es wichtig, liebevoll willkommen geheißen zu werden. Die Erwachsenen, zu denen wir geworden sind, brauchen das nicht mehr. Wenn wir uns in jenem frühen Bewußtseinszustand befinden, denken oder empfinden wir vielleicht, daß wir das Bedürfnis danach haben (das vielleicht auch in irgendeiner symbolischen Form befriedigt werden könnte); doch es ist einfach *nicht möglich*, in jene Zeit zurückzukehren und dieses Bedürfnis zu befriedigen. Das fragliche Ereignis ist Vergangenheit. Nicht vergangen ist dagegen die Erinnerung daran und die damit verbundenen schmerzlichen Gefühle. Zwar können wir durch die Regression das Ereignis nicht *korrigieren*, doch wir können zu ihm zurückkehren, um es *zu verstehen und zu fühlen*. Nur so kann es eine Heilung geben. »Das Kind, das wir waren« muß begreifen, was geschah und den damit zusammenhängenden Schmerz fühlen, und deshalb sage ich »das Kind«, wenn ich von dem Bewußtseinszustand spreche, in dem der alte Schmerz gefühlt wird.

Daß Ida die schmerzlichen Gefühle ihrer Kindheitserfahrungen mit dem cholerischen Vater zuließ und spontan zu weinen begann, war der Anfang ihres Trauerprozesses. Sie machte sich bewußt, daß Hanks Wutanfall ein Symbol für sie war, da die Angst, die sie empfand, in ihrer gegenwärtigen Realität keine Grundlage hatte. Sie war lange genug mit Hank zusammen, um zu wissen, daß er sie nicht körperlich angreifen oder auch nur durch Beleidigungen, Vorwürfe oder andere Formen verbalen Mißbrauchs emotional verletzen würde.

Ida konnte Gefühle zulassen, die zu der Kindheit mit einem jähzornigen Vater gehörten. Das Kind, das sie gewesen war, konnte sich nicht vorstellen, daß die Ausbrüche seines Vaters keine körperliche Gefahr für sie darstellten – emotional hingegen waren sie tatsächlich gefährlich. Anders als die Erwachsene, zu der Ida heranwuchs, konnte das Kind nicht beschließen, seine Familie zu verlassen. Außerdem *brauchte* sie ihren Vater als einen Menschen, der in der Lage war, sie so zu lieben, daß ihr Bedürfnis nach innerer und äußerer Sicherheit befriedigt war. Das war aufgrund seines Charakters unmöglich, und hätte Ida diese Erkenntnis zugelassen, wäre ihr Überleben bedroht gewesen. Darunter verbarg sich eine noch schlimmere Angst – das Entsetzen, sich eingestehen zu müssen, daß ihr Vater unfähig war, *jemals* ihr Bedürfnis nach Sicherheit zu befriedigen. Als Hank wegen des platten Reifens explodierte, bahnte die Tatsache, daß Ida in ihrem kindlichen Bewußtseinszustand die Notwendigkeit akzeptierte, sich ihrer Angst zu öffnen anstatt vor ihr davonzulaufen, den Weg dafür, daß sie diese zugrundeliegende Wahrheit erkannte und ihre Trauer fühlte.

Verborgene Gefühle freisetzen und heilen

Wir fühlen die Schmerzen unserer Kindheit gewöhnlich so ähnlich wie Ida in einzelnen »Schichten«, die allerdings je nach unserer ganz einzigartigen Kindheitsgeschichte unterschiedlich angeordnet sind. Haben wir erst einmal zugelassen, daß die Angst in unserem Körper ist und daß wir sie als das akzeptieren, was sie ist (nämlich die alte, aber reale Angst vor der Wahrnehmung gefährlicher emotionaler Schmerzen oder Wahrheiten), und haben wir erst einmal eine Zeitlang damit gelebt, so wird unser Gefühl in eine tiefere Schicht »absinken«. Unter unserer Angst stoßen wir auf andere, höchst schmerzvolle Gefühle – Traurigkeit, Verlustgefühle, Verlassenheitsängste, Hoffnungslosigkeit, Lächerlichkeit, Wut, Scham, Unerwünschtheit usw., die abhängig sind von unserer persönlichen Geschichte.

Viele von uns haben die Hoffnung, diese Dinge durch eine traditionelle Therapie ändern zu können. Durch Einsicht allein lassen sich im Unbewußten verankerte Gefühle aber niemals verändern. Dabei ist Angst eines der qualvollsten Gefühle, weil man sie nicht »hinausschreien« kann. Verständlicherweise wollen wir alle die Bewußtwerdung, die sich durch eine traditionelle, einsichtorientierte Therapie erreichen läßt, oder die emotionale Befreiung, die von einigen der neueren Therapieformen gefördert wird, um uns von unseren Ängsten zu lösen, aber das reicht nicht aus. Außerdem muß Angst wie jedes andere Gefühl auch in uns verarbeitet werden. Sie wird sich »erledigen«, wenn wir einfach akzeptieren, daß wir sie fühlen, sie mit uns herumtragen müssen – *und dabei nichts unternehmen, um sie zum Verschwinden zu bringen* –, während wir unseren alltäglichen Beschäftigungen nachgehen.

Mit der Angst (oder jedem anderen qualvollen Gefühl) leben heißt nichts anderes, als das unbehagliche Gefühl im Körper vorhanden sein lassen, ohne daß wir versuchen, es loszuwerden. Das ist äußerst schwierig; schließlich haben wir unser ganzes Leben lang automatisch versucht, uns davor zu schützen. Die Veränderung hin zu einer bedingungslosen Akzeptanz unserer Gefühle erfordert Zeit und Mühe. Wir müssen nämlich bereit sein, nahezu unablässig auf unsere Gefühle zu achten und sie Tag für Tag, Stunde um Stunde, auch zuzulassen. Uns dem zu überlassen, von dem wir immer unbewußt glaubten, daß es uns umbringen könnte, ist etwas, das nur ganz allmählich erreicht werden kann und das Zeit und Kraft erfordert. (Da dieser Prozeß mit einer hohen emotionalen und geistigen Anstrengung verbunden ist, wundern sich manche, wie müde sie oft sind. Es ist wichtig, sich das auch bewußtzumachen und in seinem normalen Tagesablauf Zeit für die Anpassung an ein wahrscheinlich erhöhtes Bedürfnis nach Ruhe und Schlaf vorzusehen.)

Die Tränen, die zunächst einmal flossen, als Ida dem Bedürfnis nachgab, ihre Angst einfach zuzulassen (während sie sie gleichzeitig als alt erkannte), trockneten bald, doch es blieb ein unbehagliches, beklemmendes Gefühl. Sie sagte nichts zu Hank, der so von seinem Reifenproblem in Anspruch genommen war, daß er nichts bemerkte. Sie gingen zur Tagesordnung über. Ida zeigte nichts von ihren Gefühlen. Sie war vielleicht nur ein wenig stiller als sonst. Hank stellte schon fest, daß sie sich anders als sonst nach solchen Erfahrungen mit ihm verhielt. Sie war nicht gekränkt, kritisierte ihn nicht und erwartete nicht, daß er sich entschuldigte. Idas Schweigsamkeit bedeutete, daß sie sich mit ihren Gefühlen aus der Zeit, in die sie hingehörten, ihren Gefühlen aus der Vergangenheit, auseinandersetzte. Hanks Verhalten hatte sie lediglich symbolisch in ihr ausgelöst.

Mit der Frage, ob sie die Beziehung zu einem so jähzornigen und unbeherrschten Mann fortsetzen wollte, befaßte Ida sich erst später, als sie wirklich über ihre Kindheit getrauert hatte und nicht mehr davon beeinflußt war, daß sie sich wie das Kind fühlte, das sie einst gewesen war. Man kann als Erwachsener keine sinnvollen Entscheidungen treffen, wenn der kindliche Bewußtseinszustand noch so dominant ist. In den darauffolgenden Stunden ließ Ida ihre Angst innerlich zu, während sie äußerlich ihren Geschäften nachging. Am Tag darauf bemerkte sie plötzlich, daß die Angst vergangen war.

Jedesmal, wenn Ida diese Angst erlebte, überprüfte sie, unabhängig von der scheinbaren Ursache, zunächst ganz bewußt ihre Umgebung daraufhin, ob ihr keine akute körperliche oder finanzielle Gefahr drohte, und ließ dann zu, daß diese Angst wie zuvor schon Besitz von ihr ergriff. Sie stellte fest, daß ihre Angstgefühle immer schwächer wurden. Doch sie bemerkte auch, daß sie nun andere schmerzhafte Gefühle empfand. Das erste war das Gefühl der Verlassenheit. Sie erklärte sich dieses Gefühl ganz selbstverständlich damit, daß Hank so viel Zeit damit zubrachte, Sportsendungen anzuschauen oder mit seinen Kumpels auf die Jagd zu gehen. Daraufhin begann sie, mit ihm zu kämpfen. Sie sagte ihm, er solle öfter zu Hause bleiben und gab ihm zu verstehen, daß mit ihrer Beziehung irgend etwas nicht stimmen könne, weil er nicht häufiger mit ihr zusammensein wollte. Das eskalierte bis zu dem Punkt, an dem Ida Hank drängte, mehr zu reden und ihr seine Gefühle mitzuteilen. Sie hatte das Gefühl, er enthalte ihr nicht nur seine Gesellschaft, sondern auch seine emotionale Nähe vor. Früher war Ida über Hanks Distanz irgendwie erleichtert gewesen, denn sie war eine Art Puffer, der sie vor seinen Ausbrüchen schützte. Doch da sie nun nicht mehr so ängstlich war, wollte sie mehr von ihm. Nachdem sie mehrere Wochen lang versucht hatte, seine Aufmerksamkeit auf sich zu lenken, indem sie leckere Mahlzeiten auf den Tisch stellte, gemeinsame Aktivitäten plante oder wegen seiner mangelnden Nähe manchmal zornig, manchmal weinend mit ihm stritt, bemerkte Ida plötzlich, daß sie kämpfte und daß sie wahrscheinlich durch alte, unbewußte Bedürfnisse dazu motiviert war.

Es wurde Zeit für Ida, im Umgang mit ihren Verlassenheitsgefühlen dieselben Methoden anzuwenden wie im Umgang mit ihrer Angst. Hank war überrascht und erleichtert, als Ida aufhörte, ihn mit Forderungen zu bestürmen, sagte aber, wie es seine Art war, nichts dazu. Ida begann, innerlich zu fühlen, wie schmerzhaft das Gefühl der Verlassenheit ist.

Als sie zuließ, daß es sich in ihrem Körper ausbreitete, wurde ihr bewußt, daß sie sich eher einsam als verlassen fühlte. Das schmerzhafte Gefühl nahm zu, bis es sich schließlich zu einem dauerhaften Schmerz in der Bauchgegend verdichtete. Meistens erledigte sie ihre alltägliche Arbeit so wie sonst auch, doch hin und wieder wurde der Schmerz so stark, daß sie mit ihrer Arbeit innehielt, um auf das Gefühl reagieren zu können.

Sie lag dann auf ihrem Bett, konzentrierte sich auf den Schmerz und dachte über ihr Leben nach, wobei sie sich Zeit nahm, über all die Gelegenheiten nachzusinnen, bei denen sie dieses Gefühl auch früher schon gehabt hatte. Ida versuchte bewußt, sich nur auf das Gefühl selbst und nicht auf seine vermeintlichen Ursachen zu konzentrieren. Sie erinnerte sich, daß sie dieses Gefühl in ihrem Bauch schon oft gehabt hatte und ging in ihrer Erinnerung weiter zurück, bis sie sich schließlich sah, wie sie im Alter von fünf Jahren allein in ihrem Zimmer saß. Sie spielte mit ihren Puppen und tat so, als höre sie nicht, wie nebenan ihr Vater schrie und ihre Mutter weinte. Als diese Erinnerung zurückkam, ließ Ida zu, daß sie sich wie die Fünfjährige fühlte, die sie gewesen war, und versetzte sich in Gedanken in das Bild, das sie gesehen hatte. Sie hörte das Schreien und Weinen und fühlte den Schmerz, den sie tagelang gefühlt hatte, aber *diesmal* war der Schmerz mit dem Kindheitserlebnis verbunden. Ida überließ sich diesem schmerzlichen Gefühl, bis es schwächer wurde. Sie lag immer noch auf dem Bett und fühlte sich erschöpft, aber erstaunt über die Erfahrung, die sie gerade gemacht hatte. Das Erlebnis war so anders gewesen als all die anderen Male, als sie wegen Hanks Unzugänglichkeit geweint hatte oder als ihr hin und wieder die Tränen gekommen waren, wenn sie mit einer Freundin über die Auseinandersetzungen ihrer Eltern gesprochen hatte. Trotz ihrer

Tränen waren ihr bei diesen Gelegenheiten ihre Erinnerungen vage und traurig erschienen. Der Schmerz in ihrem Bauch und der Zusammenhang mit Hank hatte keine Rolle gespielt. Früher war es immer gewesen, wie wenn man bei einem traurigen Film weint, *diesmal* aber war sie mittendrin gewesen. Ida wurde bewußt, wie oft sie diesen Schmerz als Erwachsene gefühlt und rasch etwas getan hatte, um ihn zu unterdrücken – so rasch eigentlich, daß sie ihn kaum wahrgenommen hatte. Nach einer Weile stand Ida von ihrem Bett auf. Sie empfand eine neue Leichtigkeit, und als sie über Hanks emotionale Distanz nachdachte, fühlte sie sich nicht verlassen.

Mehrere Monate lang kam das Gefühl immer wieder, und Ida ging wie beim ersten Mal immer wieder in das Gefühl hinein. Sie stellte fest, daß ihre Kindheit voller Einsamkeit gewesen war, denn ihr Vater war für *jeden* emotional unzugänglich gewesen, und ihre Mutter hatte zwanghaft mit ihrem Vater gekämpft. Ida war ein Einzelkind, doch für ihr Gefühl der Einsamkeit war dies bedeutungslos; denn Geschwister können die Bindung zwischen Eltern und Kind nicht ersetzen.

Jedesmal, wenn Ida ihre zuvor verdrängten panischen Ängste aus der Kindheit verarbeitete, trauerte sie darüber. Und jedesmal nahm der Streß wegen Hanks Distanz ein wenig ab. Nach einigen Monaten hatte Ida immer mehr das Gefühl, daß sie auch ohne Hanks Zuwendung wunderbar zurechtkam – sie stellte allerdings auch fest, daß sie entscheiden konnte, ob sie einc solche Beziehung aufrechterhalten wollte oder nicht. Sie hatte es nicht eilig, Hank zu verlassen, und konnte sich Zeit nehmen, um abzuwägen, was sie von dieser Ehe hatte und ob sie ihre Bedürfnisse ausreichend befriedigte.

Trauern macht das Kämpfen überflüssig und gibt uns die Fähigkeit zurück, Erfahrungen richtig zu verarbeiten. Ida war nun in der Lage, klar zu erkennen, was an Hank wirklich positiv oder negativ war, und eine Entscheidung in ihrem wohlverstandenen Eigeninteresse zu treffen. Mit der Zeit tauchten andere Themen auf, doch Ida war jedesmal in der Lage, die Verarbeitungsschritte anzuwenden, den Zusammenhang mit ihrer Kindheit aufzudecken, über ihren Verlust zu trauern und sich von jenem alten, unbewußten Drang zu kämpfen zu befreien.

Den Schmerz verarbeiten

Emotionaler Schmerz kann je nach den Umständen, unter denen er auftritt, unterschiedlich verarbeitet werden. Manchmal ist dies ein kaum merklicher, ganz nach innen gerichteter Vorgang ohne äußere Anzeichen. In Gesellschaft von anderen wäre die Enthüllung der eigenen Gefühle einfach oft unangemessen. In diesem Fall sollte sich jede Aktivität auf einen privaten, inneren Prozeß beschränken, zumindest, bis man aus der Situation heraus ist. Wenn möglich, sollte man sich den Prozeß des regressiven Zugangs zu seinen Gefühlen aber durch einige der folgenden Schritte erleichtern:

- Ziehen Sie sich zurück oder finden Sie jemanden, der ruhig neben Ihnen sitzen kann und nichts tut, außer unterstützend bei Ihnen zu sein.
- Legen Sie sich hin, wenn Sie wollen, auch auf den Boden.
- Schließen Sie die Augen und fühlen Sie den Schmerz. Lassen Sie Ihren Tränen freien Lauf.
- Wenn Sie können, »sehen« Sie die Erinnerung, die den Schmerz verursachte, betrachten Sie die Menschen, die anwesend waren und ihn auslösten.
- Wenn Ihnen Worte in den Sinn kommen, die mit dem Gefühl zu tun haben, Worte, die das Kind, das Sie waren, hät-

te sagen wollen, aber nicht können, dann sehen Sie die Person an, die Ihnen weh tut, und sagen Sie ihr laut und im Präsens, was Sie sagen wollen. Ida beispielsweise hätte in ihrer Regression durch die Zimmerwand ihren Vater anschreien können: »Hör auf damit! Hör auf, Mama anzuschreien – weißt du nicht, daß du mir weh tust? Warum ist dir egal, was mit mir passiert?« Oder ihre Mutter: »Mama, hilf mir! Bitte komm rein und hol mich, ich brauche dich. Laß nicht zu, daß Papa dir so weh tut. Mein Bauch tut weh, hilf mir, Mama, bitte ...« Und das immer wieder – wie die verletzte, bedürftige, erschreckte Fünfjährige, die sie in diesem regressiven Erinnerungszustand war.

Die Worte, die Sie zum Zeitpunkt der Traumatisierung gesagt hätten, wenn sie sie hätten artikulieren können, enthalten oft einen verborgenen Schmerz, und zwar auch dann, wenn die schmerzliche Erfahrung aus dem Säuglingsalter datiert, als Ihre kognitiven Fähigkeiten noch gar nicht entwickelt waren. Die Gefühle zu benennen, sie in Worte zu fassen kann ungeheuer viel dazu beitragen, daß man verdrängte Schmerzen aufdeckt.

Als Ida anfing, eher wie die Erwachsene, die sie war, zu fühlen und zu denken und weniger wie das Kind, das sie gewesen war, war sie auch in der Lage, ihre Beziehung zu Hank rational zu beurteilen. Sie erinnern sich vielleicht, daß Ida sich nicht gezwungen fühlte, rasche Antworten zu finden oder eine übereilte Lösung herbeizuführen. Daß sie keine Kinder hatte, machte die Situation für sie weniger kompliziert, doch vor allem die innere Ruhe, die sie entwickelte, als sie sich immer mehr in ihrem erwachsenen Bewußtseinszustand befand, ließ sie ihre Geduld bewahren. Sie entwickelte sich nicht von heute auf morgen, sondern innerhalb einiger Monate, in denen sie, vor allem am Anfang, immer noch unbewußt kämpfte.

Jede dieser Verarbeitungserfahrungen verlangt, daß man sich seine Gefühle bewußt macht und daß man willens ist, sein Abwehrverhalten abzubauen und seine emotionalen Schmerzen zu fühlen. Doch so schwierig und zeitraubend das auch sein mag, das Ergebnis ist der Mühe wert, weil die Heilung, die daraus entsteht, von Dauer ist.

IX
Übungen,
die der Heilung dienen

Die Arbeit des Heilens, wie wir sie in den vorangegangenen Kapiteln dargestellt haben, erfordert Zeit, Kraft und Engagement sowie den starken Wunsch, die Auswirkungen einer von Mißbrauch geprägten Kindheit zu überwinden.

Formen des Mißbrauchs

Zum besseren Verständnis der verschiedenen Formen des Mißbrauchs zitiere ich an dieser Stelle mit einigen Abänderungen eine Auswahl aus Materialien der amerikanischen Therapeutin für Suchtmittelabhängige Pia Mellody*. Sie entwickelte eines der ersten Behandlungsprogramme im Zusammenhang mit dem Konzept der Co-Abhängigkeit. Ein Teil ihrer Arbeiten zur Definition und Beschreibung von Mißbrauchserfahrungen in der Kindheit ist besonders dafür geeignet, die durch Verleugnung abgewehrte wahre Bedeutung von Kindheitserfahrungen aufzudecken.

Mißbrauch ist definiert als »alles, was keine liebevolle Fürsorge ist« und jedes »Verhalten, das einen Angriff auf die Realität des Kindes darstellt.« Zur »Realität des Kindes« zählen sein Körper, sein Denken, seine Gefühle und sein Verhalten.

Mißbrauch läßt sich in verschiedene Kategorien einteilen. Zunächst könnten wir unterscheiden zwischen körperlichem,

---

* Pia Mellody ist Therapeutin in The Meadows, einem Therapiezentrum für Suchtmittelabhängigkeit in Wickenburg, Arizona.

sexuellem oder emotionalem Mißbrauch, zu dem auch der sogenannte »emotionale Inzest« gehört. Zum körperlichen Mißbrauch zählt der rücksichtslose Umgang mit dem Körper des Kindes – Schläge, Prügel, Ohrfeigen, Schütteln, Kopfnüsse, Kitzeln, bis das Kind weint, Kneifen, übertriebene Berührungen und erzwungene Zeugenschaft (wenn ein Kind zusehen muß, wie ein anderes Kind mißbraucht wird oder wie sich die Eltern gegenseitig mißbrauchen). Zum sexuellen Mißbrauch gehören Inzest, sexuelle Belästigung, Exhibitionismus, Voyeurismus, anzügliche, sexuell gefärbte Äußerungen, Witzeleien, lüsterne Blicke, sexuelle Beleidigungen und die Verweigerung der Intimsphäre. Zum emotionalen Mißbrauch zählen verbale Mißhandlungen (Beschimpfen, Anschreien), überhöhte Leistungsanforderungen, Vernachlässigung, Im-Stich-Lassen und eine übermäßige Kontrolle der Realität des Kindes (wenn man ihm vorschreibt, welche Kleidung es zu tragen hat, wer seine Freunde sein dürfen, was es denken und was es glauben soll). Emotionaler Inzest liegt vor, wenn ein Elternteil von einem oder mehreren seiner Kinder diejenige emotionale Befriedigung erwartet, nach der er bei seinem Partner oder einem anderen Erwachsenen streben sollte. Nach Mellody ist dies in unserer Gesellschaft häufig der Fall.

Mißbrauch läßt sich auch danach bewerten, ob er offen oder verdeckt, offensichtlich oder subtil erfolgt. Körperliche Mißhandlungen – abgesehen vielleicht von den Fällen, in denen Kinder exzessiven Berührungen ausgesetzt sind – sind ebenso offensichtlich wie die meisten Fälle von verbalem emotionalen Mißbrauch. Auch einige Formen des sexuellen Mißbrauchs – Inzest, sexuelle Belästigung, Voyeurismus und Exhibitionismus – sind offenkundig. Anzügliche Bemerkungen, Witzeleien, sexuelle Beleidigungen, lüsterne Blicke und die Verweigerung der körperlichen Intimsphäre sind ebenso wie Vernachlässigung, Im-Stich-Lassen und überhöhte Leistungsanforderungen verdeckte Formen des Mißbrauchs.

Mißbrauch kann auch nach unterschiedlichen Erziehungsstilen eingeteilt werden. Er kann verdeckt sein, wenn das Kind beispielsweise gleichgültig behandelt oder vernachlässigt oder so lieblos behandelt wird, daß es einem Verlassenwerden gleichkommt (auch wenn es nicht dazu kommt, daß es de facto verlassen wird). Ein verdeckter mißbräuchlicher Erziehungsstil schließt Verhaltensweisen ein, durch die das Kind für die Bedürfnisse der Eltern ausgebeutet wird – hierzu zählen z.B. die Aufrechterhaltung einer übertriebenen Abhängigkeit (emotionaler Inzest) oder das Einfordern eines Erfolges, den die Eltern selbst nie erreichten, außerdem die sogenannte Verstrickung – ein Zustand, in dem Eltern nicht zulassen, daß sich ihre Kinder selbständig und eigenverantwortlich entwikkeln, sondern in dem alle Familienmitglieder dazu gebracht werden, sich mehr für die anderen als für sich selbst verantwortlich zu fühlen.

Ein von Mißbrauch geprägter Erziehungsstil kann auch offensichtlich sein, wenn ein Kind z.B. direkt angegriffen und unangemessen kritisiert oder in anderer Weise grob behandelt wird (solche Verhaltensweisen reichen von dem Zwang, zum Frühstück alles aufessen zu müssen, was das Kind am Vorabend hat stehenlassen, bis hin zu regelrechter körperlicher Folter).

1. Übung: Zusammenstellen einer Liste von Mißbrauchssituationen

Verleugnung

Wenn Sie vorhaben, eine Liste der verschiedenen Mißbraucherfahrungen in Ihrer Kindheit zusammenzustellen, hilft Ihnen eine sorgfältige Durchsicht des bisher dargestellten Materials. Verleugnen Sie aber immer noch vor sich selbst, was mit Ihnen geschah oder welche Bedeutung es für Sie hat, so kann dies selbst dann, wenn Sie ausreichend informiert sind, Ihr Erkennen des Mißbrauchs beeinträchtigen. Bestimmte Überlegungen oder Äußerungen über die eigene Kindheit deuten darauf hin, daß Mißbrauchserfahrungen verleugnet werden.

Bevor Sie versuchen, Mißbrauchserfahrungen in Ihrer Ursprungsfamilie herauszufinden, sollten Sie in Ihrem Denken nach Zeichen der Verleugnung forschen. Verleugnung ist meines Erachtens die Unfähigkeit, sich der Wahrheit zu stellen. Das geschieht in jedem Lebensalter, doch die Verleugnung der familiären Wahrheit beginnt in der Kindheit und ist in dieser Zeit überlebensnotwendig. Doch je eher wir diese kindliche Verleugnung überwinden, desto eher werden wir in der Lage sein, auch die Wahrheit unseres Erwachsenenlebens zu erkennen. Verleugnung läßt sich auch so definieren, daß man sich belügt und an diese Lügen *glaubt*. Schließlich ist Verleugnung ein unbewußter Prozeß. Wenn wir wissen, daß wir nur so tun, als sei etwas nicht wahr, dann handelt es sich nicht um Verleugnung. Es ist sehr wichtig, unsere Verleugnung zu entdecken, weil uns erst dann die Wahrheit bewußter werden kann.

Um diesen Prozeß zu unterstützen, habe ich verschiedene Kategorien der Verleugnung ausgearbeitet und zusammengestellt, wie sich verschiedene Menschen in jeder dieser Kategorien über ihre Familie äußern. Diese Zusammenstellung ist nicht erschöpfend, außerdem gibt es einige Überschneidungen; doch sie kann Ihnen helfen zu erkennen, in welcher Weise Sie Tatsachen aus Ihrer Kindheit »wegrationalisieren«.

Wie sich Verleugnung feststellen läßt

Die meisten Menschen sprechen über ihre Kindheit in einer Weise, die erkennen läßt, daß sie etwas verleugnen. Es hilft Ihnen zu wissen, welche Ihrer üblichen Äußerungen über Ihre Kindheitserfahrungen zeigen, daß eine Form der Verleugnung im Spiel ist. Ich habe diese Äußerungen unter Überschriften zusammengefaßt, die angeben, welche Form der Verleugnung Sie gebrauchen, wenn Sie solche Äußerungen tun.

Herunterspielen: Sie spielen die Bedeutung Ihrer Erfahrungen herunter, wenn Sie zwar wissen, was geschah, aber den Einfluß dieser Erfahrungen geringschätzen. In einem solchen Fall sagen Sie z.B.:

»Andere hatten es weitaus schlimmer als ich.«
»Ich weiß, daß er/sie/beide das oder jenes tat(en) ..., aber es kam nur gelegentlich vor.«
»Das war mir eigentlich immer egal.«
»Es hat mir eigentlich nichts ausgemacht.«
»Ich war nie zu Hause, deshalb hat es mich nicht berührt.«

Abwehren: Sie wehren ab, wenn Sie zwar wissen, was geschah, aber der Überzeugung sind, es sei für Ihr Erwachsenenleben ohne Bedeutung. Wenn Sie abwehren, sagen Sie z.B.:

»Das ist doch schon so lange her.«
»Das war damals, jetzt haben wir heute.«
»Ich habe mich schon lange damit abgefunden« (oder »Ich habe schon lange meinen Frieden mit ihnen gemacht«).
»Das weiß ich schon jahrelang, aber ich muß jetzt mit meinem Leben fertigwerden.«
»Schließlich habe ich nichts mehr mit ihnen zu tun.«
»So war das eben.«

Ausblenden/Abblocken: Wenn Sie ausblenden oder abblokken, erinnern Sie sich nur an die schönen Seiten Ihrer Kindheit oder aber Sie wissen nur noch wenig oder nichts mehr. In einem solchen Fall sagen Sie wahrscheinlich:

»Ich kann mich an gar nichts mehr erinnern.«
»Ich wüßte nicht, daß irgend etwas nicht in Ordnung gewesen wäre.«
»Ich hatte eine wunderbare Kindheit. Wir unternahmen oft Ausflüge usw.«

Ausgleichen: Wenn Sie ausgleichen, wissen Sie, was geschah, meinen aber, das »Gute« habe es ausgeglichen. Sie sagen dann:

»Ich weiß, daß er/sie/beide ..., aber es ist ja trotzdem etwas aus mir geworden.«
»Es hat mich stark gemacht (mir gutgetan).«
»Wir bekamen alles, was wir brauchten.«
»Ich konnte immer zu meiner Mutter oder meinem Vater kommen.«
»Ich/wir wußte(n), daß sie uns liebten.«
»Es hat meinen Charakter gestählt.«
»Im Grunde ihres Herzens meinten sie es gut.«

Entschuldigen/Rechtfertigen: Bei dieser Form der Verleugnung erkennen Sie, was in der Vergangenheit geschah, finden aber rationale Begründungen dafür. In einem solchen Fall sagen Sie z.B.:

»Ich habe/wir haben es nicht anders verdient.«
»Damals haben es alle so gemacht.«
»Er/sie/beide wußte(n) es eben nicht anders.«
»Wir wußten, daß sie uns liebten, sie konnten es nur nicht zeigen.«
»Sie taten, was sie konnten.«

Wenn Sie manches, das Sie über Ihre Ursprungsfamilie sagen oder denken, neu einordnen, kann Ihnen das helfen, Ihre Mißbrauchserfahrungen aus der Kindheit genauer zu bestimmen.

Die Wahrheit ans Licht bringen

Für die Bestimmung von Mißbrauchserfahrungen in Ihrer Ursprungsfamilie kann es hilfreich sein, eine einfache Zeichnung mit Buntstiften anzufertigen. Sie brauchen die Farben Weiß (dafür genügt ein weißes Blatt als Hintergrund), Grau, Rot, Gelb und Blau.

Zeichnen Sie die Grundrisse aller Stockwerke des Hauses, in dem Sie als Kind lebten. Haben Sie in mehr als einem Haus gelebt, dann zeichnen Sie das erste, das Ihnen einfällt. Anschließend malen Sie alle Räume in der Farbe der Gefühle aus, an die Sie sich im Zusammenhang mit dem jeweiligen Raum erinnern:

Rot entspricht Zorn.
Grau entspricht Verlassenheit.
Weiß entspricht Angst.

Gelb entspricht Zufriedenheit/Sicherheit.
Blau entspricht Traurigkeit.

Verwenden Sie ruhig mehr als eine Farbe für einen Raum. Vielleicht erinnern Sie sich, daß Sie sich in einem bestimmten Teil des Hauses zu unterschiedlichen Zeiten unterschiedlich gefühlt haben. Dann verwenden Sie so viele Farben, wie Sie brauchen, um diese Gefühle darzustellen.

Diese Übung kann Ihnen Dinge über Ihre Kindheitserfahrungen verraten, die Ihnen bis dahin nicht bewußt waren. In einem Workshop, den ich vor kurzem leitete, verwendete ein Mann überhaupt keine Farben. Er starrte verwundert auf seinen Grundriß und sagte zu der Gruppe: »Mir ist überhaupt nicht klar gewesen, wie verängstigt ich als Kind immer war!« Eine der Frauen malte ihr Kinderzimmer in Gelb und Weiß, abhängig davon, wer von ihren Eltern sie abends zu Bett gebracht hatte. Eine andere verwendete für die verschiedenen Räume des Hauses Rot, Grau, Blau und Weiß und nur für den Hof Gelb, da sie sich nur dann unbeschwert gefühlt hatte, wenn sie außerhalb des Hauses war.

Die eigene Geschichte überprüfen

Wenn Sie Ihre Zeichnung fertiggestellt und überlegt haben, zu welchen Mitteln der Verleugnung Sie gewohnheitsmäßig greifen, sind Sie bereit, Ihre Geschichte detaillierter zu überprüfen. Schreiben Sie zunächst in einzelnen Abschnitten Ihre Kindheitserfahrungen auf. Notieren Sie zu den verschiedenen Erfahrungen Ihr damaliges Alter, die beteiligten Personen und das Geschehen. Eine chronologische Ordnung ist nicht erforderlich. Schreiben Sie dann etwas zur Persönlichkeit Ihrer Eltern auf – nicht wie sie jetzt sein mögen, wo Sie selbst erwachsen sind, sondern wie sie früher in der Beziehung zu Ihnen, Ihren Geschwistern und zueinander waren. Überlegen Sie, wie Ihre Eltern ihre Zeit verbrachten, wieviel Zeit sie den Kindern widmeten, wie sie Sie behandelten, wer die Regeln aufstellte und wer sie durchsetzte, wer wann und wie wütend wurde, wie es beim Essen, beim Schlafengehen und nach der Schule war, ob Ihre Eltern Suchtmittel konsumierten oder abhängig waren, ob sie besessen waren von Arbeit, Sport, Essen oder Sauberkeit, welche Themen besprochen werden konnten und welche nicht, ob Ihre Eltern einander und/oder den Kindern gegenüber ihre Zuneigung zum Ausdruck brachten, ob sie bestimmte Kinder den anderen vorzogen, ob sie den Kindern ihre Gefühle zeigten und sie an ihrer Geschichte teilhaben ließen, ob es außereheliche Beziehungen oder andere »Geheimnisse« gab usw. Beim Aufschreiben werden Ihnen noch andere Erfahrungen einfallen. Fügen Sie diese gegebenenfalls Ihrem Bericht hinzu.

Wenn Sie mit der Beschreibung Ihrer Familie fertig sind, gehen Sie Ihre Darstellung noch einmal durch und versuchen festzustellen, wo es einen Mißbrauch gab und wie das Verhalten Ihrer Eltern oder anderer Erwachsener zu einer Mißbrauchserfahrung für Sie führte. Sind Sie damit fertig, gehen Sie Ihr Material mit einem Freund/einer Freundin durch, der/die weiß, was Verleugnung ist, so daß jemand Objektiver herausfinden kann, wo Sie etwas, das mißbräuchlich war, so dargestellt haben, als sei es in Ordnung.

Als nächstes suchen Sie diejenigen Tatsachen über Ihre Familie heraus, die für Sie zu Mißbrauchserfahrungen führten, und stellen sie in einer Liste zusammen. Diese Liste sollte aus kurzen Abschnitten bestehen, in denen Sie darstellen, was geschah. Anschließend kürzen Sie Ihre Darstellungen auf einen oder wenige Sätze, in denen die wesentlichen Tatsachen enthalten sind. Sehen Sie diese Sätze auf die jeweilige Form von

Mißbrauch hin durch. Das Ergebnis ist eine Liste von Mißbrauchstatbeständen.

Bei den folgenden kurzen Abschnitten handelt es sich um Beispiele von Auszügen aus der Kindheitsgeschichte verschiedener Personen, die jeweils auf den grundlegenden Mißbrauchstatbestand gekürzt wurden. Die Form des Mißbrauchs bestimmt sich durch die jeweiligen Gegebenheiten:

- Vater arbeitete bis spät und wollte nie »gestört« werden, wenn er nach Hause kam.
  Physisch und emotional unzugänglicher Vater. Form des Mißbrauchs: VERDECKT/EMOTIONAL.

- Mutter ging es immer »schlecht« (tatsächlich war sie verkatert), und wir Kinder durften sie nie durch ein Geräusch stören, weil Vater uns sonst schlug.
  Sich entziehende, alkoholkranke Mutter. Form des Mißbrauchs:
  VERDECKT/EMOTIONAL (Im-Stich-Lassen). *Vater, der uns schlug.*
  Form des Mißbrauchs: OFFEN/KÖRPERLICH. *Unsinnige Grenzsetzungen.* Form des Mißbrauchs: VERDECKT/ÜBERMÄSSIGE KONTROLLE DER REALITÄT.

- Mutter und Vater waren beide berufstätig, und ich war nach der Schule immer allein. Bis sie nach Hause kamen, mußte ich das Essen vorbereitet haben. Ich konnte nie mit meinen Freunden spielen.
  Mußte mich selbst versorgen. Form des Mißbrauchs: VERDECKT/EMOTIONAL (Vernachlässigung). *Konnte nicht mit Freunden spielen.* Form des Mißbrauchs: VERDECKT/EMOTIONAL (Vernachlässigung).

- Meine sehr viel älteren Schwestern mußten sich um mich

kümmern, weil meine Eltern beide berufstätig waren. Sie haßten es, mich immer mitnehmen zu müssen, wenn sie sich mit anderen Jugendlichen trafen, und waren deshalb oft kratzbürstig und gemein. *Der Obhut der älteren Schwestern überlassen.* Form des Mißbrauchs: VERDECKT/EMOTIONAL (Krittelei, Nörgelei).

- Ich war das dritte von sieben Kindern. Nie gab es genug Zeit, um auf einen von uns wirklich einzugehen.
  Zu viele Kinder, nicht genug Zuwendung. Form des Mißbrauchs: VERDECKT/EMOTIONAL. (Vernachlässigung.)

- Meine Mutter wusch meinen Mund mit Seife aus, wenn ich mich über etwas beschwerte. Sie nannte mein Verhalten »Widerreden«.
  Mutter wusch Mund mit Seife aus. Form des Mißbrauchs: OFFEN/KÖRPERLICH (Zufügen körperlicher Schmerzen).

- Vater machte uns Einläufe mit zuviel Wasser, wenn wir etwas getan hatten, das ihm nicht gefiel. Erst als ich erwachsen war und schon Medizin studierte, erfuhr ich, daß ein Einlauf nicht schmerzhaft sein muß.
  Vater folterte uns mit mißbräuchlich eingesetzten Einläufen. Form des Mißbrauchs: OFFEN/KÖRPERLICH (Zufügen körperlicher Schmerzen).

- Wir wurden mit Ruten geschlagen, die wir selbst schneiden mußten.
  Mit Ruten geschlagen. Form des Mißbrauchs: OFFEN/KÖRPERLICH (Zufügen körperlicher Schmerzen). *Mußten sie selbst schneiden.* Form des Mißbrauchs: OFFEN/EMOTIONAL (angstauslösende Tätigkeit).

- Alle in der Familie schienen nett zu sein, doch wann immer

ich über etwas sprechen wollte, das mir Sorgen machte, wechselte meine Mutter das Thema, und mein Vater verkroch sich hinter seiner Zeitung.
Mutter ließ nicht zu, daß es mir schlechtging. Form des Mißbrauchs: VERDECKT/EMOTIONAL (Im-Stich-Lassen). *Vater entzog sich.* Form des Mißbrauchs: VERDECKT/EMOTIONAL (Im-Stich-Lassen).

- Mein Vater kam nachts in mein Zimmer und steckte seine Finger in meine Vagina, während er masturbierte. Das geschah von der Zeit an, als ich zwei Jahre alt war, bis sich meine Eltern scheiden ließen, als ich elf war. Meine Mutter muß es gewußt haben, trotzdem unternahm sie nichts dagegen. Sie ließen sich scheiden, weil mein Vater sie wegen einer anderen Frau mit einer zwei- und einer vierjährigen Tochter verlassen hatte.
  Vater mißbrauchte mich sexuell. Form des Mißbrauchs: OFFEN/SEXUELL (Inzest). *Mutter unternahm nichts dagegen.* Form des Mißbrauchs: VERDECKT/EMOTIONAL (Im-Stich-Lassen).

- Meine Mutter wollte immer, daß ich gleich nach der Schule nach Hause kam. Ich sollte keinen Sport treiben und mich am Wochenende nicht mit meinen Freunden treffen, weil sie lieber mit mir über sich sprechen wollte. Sie weinte viel und wollte immer wieder hören, daß ich sie liebte. Als ich in die High-School kam, hörte ich endlich nicht mehr auf sie und tat, was ich wollte. Aber ich fühlte mich nicht wohl dabei.
  Mutter mißbrauchte mich für ihre emotionalen Bedürfnisse. Form des Mißbrauchs: VERDECKT/EMOTIONALER INZEST (übertriebene Abhängigkeit).

- Mutter und Vater schienen sich sehr für meinen Körper zu

interessieren, als sich meine Brüste entwickelten. Sie ließen nicht zu, daß ich mein Zimmer oder das Badezimmer abschloß. Sie kamen einfach herein und kicherten manchmal dabei.
Keine körperliche Intimsphäre in der Zeit der Entwicklung. Form des Mißbrauchs: VERDECKT/SEXUELLL (Voyeurismus). *Lächerlichmachen der sexuellen Entwicklung durch beide Eltern.* Form des Mißbrauchs: OFFEN/SEXUELL (Sexuelles Lächerlichmachen).

- Ich durfte nie dieselbe Kleidung tragen wie die anderen Kinder. Deshalb kaufte ich mir von meinem überaus großzügigen Taschengeld andere Kleider und zog mich auf dem Schulweg um.
Stil der Kleidung von der Mutter diktiert. Form des Mißbrauchs: VERDECKT/EMOTIONAL (übermäßige Kontrolle der Realität).

2. Übung: Ergänzen der Tatsachen durch Gefühle

Da wir sowohl rationale als auch emotionale Wesen sind, reagieren wir auch auf jede unserer Erfahrungen rational wie emotional. Deshalb haben alle unsere Erinnerungen eine rationale Seite (das Bild, das wir vor uns sehen, wenn sie uns einfallen, oder die »Tatsachen«) und eine emotionale Seite (wie wir uns dabei fühlen). Wenn Ereignisse verdrängt wurden, ist es recht schwierig, eine Erfahrung ganz oder auch nur teilweise zu erinnern, und wenn die Erinnerungen dann zurückkommen, finden wir oft eher oder leichter Zugang zu einem Teil davon. Anders gesagt, manche erinnern sich eher an das, was geschah (die Tatsachen), und andere »erinnern sich« zuerst an das, wie es sich anfühlte (die Gefühle). (Die

Anführungszeichen habe ich hier gesetzt, weil vielen nicht klar ist, daß Erinnerungen die Form von Gefühlen haben können, die scheinbar ohne Zusammenhang mit der gegenwärtigen Realität sind. Dieses Phänomen haben wir auch schon im Kontext von Überreaktion und Symbolisierung dargestellt. Es ist aber auch ein Hinweis auf verdrängte Erinnerungen.) Zum besseren Verständnis unterscheiden wir Erinnerungen nach ihren beiden Anteilen »Tatsache« und »Gefühl«. Der Liste von Mißbauchstatbeständen, die Sie bereits aufgestellt haben, fügen Sie nun die damit verbundenen Gefühle hinzu.

Gefühle erkennen

Aufgrund Ihrer Verdrängung kann es sein, daß Sie sich im Zusammenhang mit den Erfahrungen auf Ihrer Liste an kein Gefühl erinnern. Tatsächlich ist es normalerweise so, daß emotionale Reaktionen auf einen Mißbrauch nicht erinnert werden. Deshalb kann es hilfreich sein, zunächst einmal herauszufinden, welche Gefühle ein kleines Kind wahrscheinlich im Zusammenhang mit den von Ihnen aufgelisteten Erfahrungen haben könnte. An dieser Stelle sollte noch einmal klargestellt werden, was Gefühle eigentlich sind (und was sie nicht sind), und wir sollten uns auch noch einmal bewußtmachen, daß Kinder von lieblosen Erfahrungen emotional stärker betroffen sind, als wir uns vorstellen. Außerdem sollten wir bedenken, daß manche Gefühle, abgesehen von wenigen Ausnahmen, *nur* in der Kindheit erlebt werden. Da aber die meisten Erwachsenen sich so oft (und ohne, daß es ihnen bewußt wäre) in ihrem kindlichen Bewußtseinszustand befinden, meinen wir in der Regel, Gefühle, die eigentlich in die Kindheit gehören, seien auch für Erwachsene normal. Hier nun sollten wir den Unterschied klar herausarbeiten.

In unserer Kultur verwechseln wir oft Gefühle mit Gedanken, Vorstellungen und Einstellungen. So fragen Sie vielleicht einen Freund: »Wie empfindest du diesen Film?« (engl.: *What did that movie make you feel*?) Und er antwortet: »Wir kümmern uns zu wenig um das Elend der Armen.« Diese Antwort bringt jedoch eine Überlegung und kein Gefühl zum Ausdruck. Elementare Gefühle sind einfach und lösen in unserem Körper eine physische Reaktion aus. Viele Menschen haben keinen Kontakt zu diesen primären menschlichen Emotionen (sind sich der damit verbundenen körperlichen Empfindungen nicht bewußt) und vermischen Vorstellungen mit Gefühlen. Wenn z.B. jemand sagt, er »fühlt sich wie ein Versager«, dann verbindet er die mentale Vorstellung des Sich-unwert-Fühlens mit dem körperlichen Schmerz eines Verlusts, der ihn in der Regel traurig macht. Aufgrund unserer Kindheitserfahrungen, die zu bestimmten Vorstellungen darüber führten, was uns wertvoll, gut, akzeptiert, sicher usw. macht, empfinden wir nicht nur den reinen emotionalen Schmerz, der mit einer schmerzlichen Erfahrung verknüpft ist, sondern wir legen ihm auch eine bestimmte Bedeutung bei. Es ist uns nicht bewußt, daß hier zwei getrennte Prozesse zusammenspielen, und so meinen wir, das Ganze sei ein Gefühl. Wenn wir also verstehen wollen, was Gefühle wirklich sind, müssen wir die einfache, grundlegende Emotion unterscheiden von allen auf vorangegangenes Lernen gestützten mentalen Prozessen. Außerdem müssen wir lernen zu erkennen, welche Gefühle unserer Erwachsenenrealität zugehören und welche wir nur empfinden, weil wir unseren Kindheitsschmerz verdrängt haben.

Die häufigsten elementaren Gefühle, die Erwachsene normalerweise unbeeinflußt von unbetrauerten Kindheitsschmerzen empfinden, sind die folgenden:

Unangenehm	*Angenehm*
Zorn	Freude
Wut	Zufriedenheit
Traurigkeit	Sicherheit
Einsamkeit	Wohlbehagen
Angst	Liebe
Haß	Glück
Unglück	
Schuldgefühle	

Wann immer Erwachsene sich im Stich gelassen, zurückgewiesen, unzulänglich oder bedürftig fühlen, sind dies alte Kindheitsgefühle. Man kann nur dann im Stich gelassen werden, wenn man für sein Wohlergehen von jemandem abhängig ist. Erwachsene können zwar auch verlassen werden, doch wenn sie sich daraufhin wie ein Kind fühlen, das von Vater oder Mutter verlassen wird, wenn sie panisch reagieren, am Boden zerstört oder so traurig sind, daß sie zu nichts mehr in der Lage sind, dann spiegeln diese Gefühle nicht den aktuellen Partnerverlust. Auch »Ablehnung« ist mehr, als nicht gemocht zu werden, weil sie impliziert, daß wir schlecht sind, und weil sie wie »Unzulänglichkeit« unseren Wert bestimmt. Als Erwachsene sind unsere Fähigkeiten in mancher Hinsicht zureichend, in mancher unzureichend, und diese Erkenntnis beeinträchtigt unser Selbstwertgefühl keineswegs. Sich schutzbedürftig zu fühlen ist für die Kindheit ganz normal. Doch wenn dieses Gefühl bei Erwachsenen auftaucht, ist es ein altes Gefühl (wie im dritten Kapitel in der Gegenüberstellung von Kindheit und Erwachsenenrealität dargestellt). Alle diese Gefühle sind alte Kindheitsgefühle, die offensichtlich entstanden und sofort verdrängt werden mußten. Der ungefühlte Schmerz dringt nun an die Oberfläche und macht sich an aktuellen Ereignissen fest.

Einige Gefühle – im Stich gelassen zu werden, zurückgewiesen zu werden, unzulänglich zu sein, schutzbedürftig zu sein, schlecht zu sein oder sich zu schämen – empfinden wir *nur* deshalb in unserem Erwachsenenleben, weil wir sie als Kinder nicht fühlen konnten. Solche Gefühle hätten Erwachsene gar nicht, wenn sie eine gesunde Reifung durchgemacht hätten. Unabhängig von den gegenwärtigen Umständen sind diese Gefühle, wenn der Erwachsene sie empfindet, *immer* alte Gefühle.

Schuldgefühle versus Scham

Der Unterschied zwischen dem Erwachsenengefühl der »Schuld« und dem Kindheitsgefühl der »Scham« bedarf einer Klärung. Schuld ist ein für einen Erwachsenen angemessenes Gefühl, Scham nicht. Schuldgefühle haben wir aus zwei möglichen Gründen. Der eine entsteht aus der Konditionierung unserer Kindheit heraus, durch die uns beigebracht wurde, daß bestimmte Verhaltensweisen falsch sind. Das kann so harmlos aussehen, daß wir beispielsweise Tante Ednas Gefühle verletzen, indem wir ein Stück Kuchen ablehnen, das wir wirklich nicht wollen (oder indem auch sonst unseren Familienmitgliedern gegenüber ehrlich sind, wenn wir wissen, daß ihnen nicht gefällt, was wir zu sagen haben). Haben wir für uns selbst noch nicht bestimmt, welches unsere Werte im Gegensatz zu den von unseren Eltern vermittelten Werten sind, so fühlen wir uns schuldig, wenn wir »die Regeln verletzen«. Schuldgefühle entstehen aber auch dann, wenn wir etwas tun, das unseren eigenen Regeln widerspricht.

Im ersten Fall haben wir die Möglichkeit, uns dem Einfluß unserer Schuldgefühle zu widersetzen und so zu handeln, wie wir selbst es für richtig halten anstatt so, wie unsere Eltern es uns beigebracht haben. Dann nämlich werden wir uns immer seltener schuldig fühlen für Dinge, die wir nicht für falsch halten. Im zweiten Fall müssen wir uns überlegen, was wir getan haben, entscheiden, ob es falsch war, und gegebenenfalls etwas unternehmen, um es möglichst zu korrigieren. Wir können Verantwortung übernehmen und uns, sofern es angemessen ist, entschuldigen. Schuldgefühle sind also insofern hilfreich, als sie uns zeigen, wo wir von dem Weg abgekommen sind, dem wir folgen wollen, und uns die Möglichkeit eröffnen, unsere Fehler zu korrigieren.

Im Gegensatz zu Schuldgefühlen ist Scham ein Gefühl, das entsteht, wenn Kinder behandelt werden, als seien sie böse. Das Konzept der Scham entsteht meines Erachtens, wenn Eltern dazu konditioniert wurden zu glauben, das Böse sei dem Kind angeboren (was nicht heißt, daß es keine bösen Erwachsenen gibt). Wird die Fähigkeit zu einem normalen Unrechtsbewußtsein beschädigt, setzt sich destruktives Verhalten fort. Schlimm mißbrauchte oder allzu verwöhnte Kinder werden zu Erwachsenen, deren Fähigkeit, sich in jemand anderen als sich selbst einzufühlen oder mit ihm Mitleid zu haben, gestört ist. Da solche Menschen keine Schuld empfinden können, fehlt ihnen die Motivation, ihr eigenes Handeln zu korrigieren, und so werden sie sich wahrscheinlich weiter böse verhalten. Doch kein Mensch ist von Natur aus schlecht.

Wenn Eltern auf die menschlichen Unzulänglichkeiten ihrer Kinder reagieren, als seien sie nicht einfach Fehler oder Schwächen, sondern sie auf die angeborene »Schlechtigkeit« ihrer Kinder zurückführen (eine Vorstellung, die durch die Religion bei der Mehrheit unserer Gesellschaft unterstützt wird), dann behandeln sie ihre Kinder so, daß ein Gefühl der »Scham« (Schlechtigkeit) entsteht. Da diese Überzeugungen so weit verbreitet sind und das Verhalten unserer Eltern uns Kindern gegenüber auf diesen Überzeugungen fußte, nahmen wir es mit der Vertrauensseligkeit und Unschuld von Kindern hin, daß wir unserem Wesen nach böse sind und uns beherrschen müssen, weil wir uns sonst »schämen« sollten. Meine eigene Erfahrung mit diesem Gefühl ist das einer abgrundtiefen Schlechtigkeit jenseits aller Erlösung – das Gefühl, jemand zu sein, den niemand lieben konnte. Ich bin davon überzeugt, daß das Gefühl der Scham durch Mißbrauch in der Kindheit erzeugt wird, während Schuldgefühle normale Gefühle sind, die zu allen Phasen des Lebens dazugehören.

Kindheitsgefühle versus Erwachsenengefühle

Vor dem Abschluß der Übung sollte man sich Zeit nehmen, um die Gefühle von Kindern von den Gefühlen Erwachsener zu unterscheiden. Dabei hilft es, sich vor Augen zu führen, welche Gefühle man als normal für die Kindheit aufgelistet hat. Ebenso hilfreich kann es sein, im Supermarkt, am Strand, im Park oder an anderen Orten, an denen sich Familien häufig aufhalten, das Verhalten von Kindern und Erwachsenen zu beobachten. Wenn Sie ein Kind sehen, das etwas als schmerzlich empfindet, versuchen Sie, die Ursache herauszufinden und festzustellen, welchem Gefühl auf der Liste unserer elementarsten menschlichen Emotionen es zuzuordnen ist.

Wir sollten außerdem bedenken, daß wir bei der Beschreibung von Kindheitsgefühlen oft großartige, erwachsene Wörter gebrauchen. »Verlassenheit« ist ein Beispiel dafür. Das Kind würde vielleicht sagen, es sei »allein gelassen«. »Ablehnung« würde heißen »nicht gemocht werden«. Viele Wörter, die wir gebrauchen, um Gefühle zu beschreiben, haben einfache, kindgemäße Gegenstücke. Versuchen Sie, diese alten, dem Alter des kleinen Kindes entsprechenden Beschreibungen von Gefühlen herauszufinden, wenn Sie mit Ihren Kindheitsgefühlen arbeiten. Ich weiß z.B. noch, daß ich sagte, ich habe ein »Aua«, als ich das Knie aufgeschürft hatte.

Wenn Sie meinen, besser zu verstehen, was wirklich ein Kindheitsgefühl ist, sollten Sie Ihre Liste mit Mißbrauchstatbeständen aus Ihrer Kindheit zur Hand nehmen. Fügen Sie bei jedem Mißbrauch auf der Liste hinzu, welches Gefühl sie dabei hätten haben müssen – und zwar unabhängig davon, ob Sie sich an ein Gefühl erinnern oder nicht. Notieren Sie auch, wenn Sie sich an ein bestimmtes Gefühl erinnern, auch wenn es nicht dasselbe ist. Versuchen Sie, Ihre Gefühle so kindgemäß wie möglich zu beschreiben.

Die Liste der Tatsachen, ergänzt durch die dazugehörigen Gefühle, könnte folgendermaßen aussehen:

- Physisch und emotional sich entziehender Vater. Form des Mißbrauchs: VERDECKT/EMOTIONAL. Gefühl: *bin nicht gut genug.*
- Sich entziehende, alkoholkranke Mutter. Form des Mißbrauchs: VERDECKT/EMOTIONAL (Im-Stich-Lassen). Gefühl: *bin allein, bin unerwünscht.*
- Vater schlug uns. Form des Mißbrauchs: OFFEN/KÖRPERLICH. Gefühl: *bin schlecht, eingeschüchtert, zornig.*
- Unsinnige Grenzsetzungen. Form des Mißbrauchs: VERDECKT/ÜBERMÄSSIGE KONTROLLE DER REALITÄT. Gefühl: *bin schlecht, in einer Falle gefangen.*
- War mir selbst überlassen. Form des Mißbrauchs: VERDECKT/EMOTIONAL (Vernachlässigung). Gefühl: *allein gelassen, verstört.*
- Mußte Essen für die Familie kochen. Form des Miß-

brauchs: VERDECKT/EMOTIONAL (Vernachlässigung). Gefühl: *zornig.*

- Konnte nicht mit Freunden spielen. Form des Mißbrauchs: VERDECKT/EMOTIONAL (Vernachlässigung). Gefühl: *einsam, bin andersartig.*
- Den älteren Schwestern überlassen. Form des Mißbrauchs: VERDECKT/EMOTIONAL (Im-Stich-Lassen). Gefühl: *bin unerwünscht.*
- Schwestern waren kratzbürstig und gemein. Form des Mißbrauchs: OFFEN/EMOTIONAL (Krittelei, Nörgelei). Gefühl: *bin unerwünscht, verängstigt.*
- Zu viele Kinder, nicht genug Zuwendung. Form des Mißbrauchs: VERDECKT/EMOTIONAL (Vernachlässigung). Gefühl: *bin vergessen, unwichtig, nicht gut genug.*
- Mutter wusch meinen Mund mit Seife aus. Form des Mißbrauchs: OFFEN/KÖRPERLICH (Zufügen körperlicher Schmerzen). Gefühl: *verstört, zornig, bin schlecht.*
- Vater folterte uns mit mißbräuchlich eingesetzten Einläufen. Form des Mißbrauchs: OFFEN/KÖRPERLICH (Zufügen körperlicher Schmerzen). Gefühl: *terrorisiert, wütend.*
- Mit Ruten geschlagen. Form des Mißbrauchs: OFFEN/KÖRPERLICH (Zufügen körperlicher Schmerzen). Gefühl: *verängstigt, bin wertlos.*
- Mußte Ruten schneiden, mit denen wir geschlagen wurden. Form des Mißbrauchs: OFFEN/EMOTIONAL (angstauslösende Tätigkeit). Gefühl: *verängstigt, gequält.*
- Mutter ließ nicht zu, daß es mir schlechtging. Form des Mißbrauchs: VERDECKT/EMOTIONAL (Im-Stich-lassen). Gefühl: *bin schlecht, bin im Unrecht.*

- Vater entzieht sich. Form des Mißbrauchs: VERDECKT/EMOTIONAL (Im-Stich-Lassen). Gefühl: *ignoriert, bin nicht gut genug.*
- Vater mißbrauchte mich sexuell. Form des Mißbrauchs: OFFEN/SEXUELL (Inzest). Gefühl: *bin schlecht, verstört, schäme mich.*
- Mutter unternahm nichts dagegen. Form des Mißbrauchs: VERDECKT/EMOTIONAL (Im-Stich-Lassen). Gefühl: *verstört, bin schlecht.*
- Mutter mißbrauchte mich für ihre emotionalen Bedürfnisse. Form des Mißbrauchs: VERDECKT/EMOTIONALER INZEST (übertriebene Abhängigkeit). Gefühl: *unterdrückt, in der Falle gefangen, schäme mich.*
- Keine körperliche Intimsphäre in der Zeit der Entwicklung. Form des Mißbrauchs: VERDECKT/SEXUELL (Voyeurismus). Gefühl: *schäme mich, bin verwirrt, zornig.*
- Lächerlichmachen der sexuellen Entwicklung durch beide Eltern. Form des Mißbrauchs: OFFEN/SEXUELL (sexuelles Lächerlichmachen). Gefühl: *schäme mich, bin verwirrt, zornig.*
- Stil der Kleidung von der Mutter diktiert. Form des Mißbrauchs: VERDECKT/EMOTIONAL (übermäßige Kontrolle der Realität). Gefühl: *traurig, zornig.*

Wenn Ihre Liste vollständig ist, sollten Sie Ihre Arbeit über die mit den Mißbrauchserfahrungen verbundenen Gefühle mit jemand anderem durchgehen – entweder mit derselben Person, mit der sie auch die erste Übung besprochen haben oder aber mit jemand anderem, der ebenfalls die Konzepte versteht, mit denen wir hier zu tun haben. Es ist wichtig, diese Dinge mit jemandem zu besprechen, der einen unterstützt – zum einen, um jede Tendenz zur Verleugnung auszuschließen, zum anderen, weil wir eher mit unseren Gefühlen in Kontakt kommen, wenn wir mit einem Menschen darüber sprechen, der Anteil nimmt und uns achtet.

3. Übung: Erstellen einer Liste symbolischer Reaktionen

Mit dem Abschluß der zweiten Übung verfügen Sie über einen konkreten Ausgangspunkt für diesen nächsten Schritt. Ihr Ziel ist es nun herauszufinden, wann Sie die Gefühle empfinden, die Sie auf der Liste über Ihre Kindheitserfahrungen zusammengestellt haben. Das wird Ihnen umso leichter fallen, je mehr Ihre Fähigkeit, Ihre inneren Gefühle zu beobachten, zunimmt. Machen Sie sich bewußt, welche körperlichen Reaktionen Ihre Kindheitsgefühle in Ihnen auslösen, damit Sie wie in der zweiten Übung zwischen Gedanken, Einstellungen und Gefühlen unterscheiden können. Solche subtilen Unterscheidungen sind zwar hochbedeutsam, erschließen sich uns aber nur langsam. Haben Sie also Geduld mit sich selbst.

Wenn Sie versuchen festzustellen, wie sich diese alten Gefühle in Ihrem gegenwärtigen Erwachsenenleben zeigen, gehen Sie zunächst die Liste noch einmal durch. Bei jedem Punkt halten Sie eine Zeitlang inne und schließen die Augen. Dann versuchen Sie, sich genau an das jeweilige Gefühl zu erinnern und es in die Worte fassen, die das Kind, das Sie einst waren, gebraucht hätte. Probieren Sie, das Gefühl noch einmal zu erleben, während Sie es sich ins Gedächtnis rufen.

Spüren Sie dem Gefühl in Ihrem Körper intensiv nach, benennen Sie es, entschließen Sie sich bewußt zu erkennen, daß es sich bei diesem Gefühl, wenn Sie es wieder empfinden, um eines der Kindheitsgefühle aus Ihrer Liste handelt.

Manchmal läßt sich ein Gefühl in Ihrem Körper lediglich als Spannung in den Schultern, im Nacken oder im Bauch feststellen. Wenn Sie sich auf diese Spannung konzentrieren, bemerken Sie vielleicht, daß sie sich deutlicher zu Bauchschmerzen, einem Druck auf Ihrer Brust oder dem Gefühl, nicht richtig atmen zu können, entwickelt. Sie bemerken vielleicht, daß die Spannung, wo immer sie lokalisiert ist, in Wirklichkeit etwas anderes ist, nämlich Angst oder Zorn. Der Schmerz in Ihrem Bauch kann Ihnen auch ein anderes Gefühl bewußtmachen, beispielsweise Traurigkeit, Verlust- oder Einsamkeitsgefühle. Wenn Ihnen bewußter wird, wie sich Gefühle in Ihrem Körper ausdrücken, empfinden Sie auch immer deutlicher den körperlichen Schmerz emotionaler »Kopfschmerzen«. Je mehr Sie die Wahrnehmung aller Empfindungen in Ihrem Körper zulassen, desto offener werden Sie für die Gefühlsrealität Ihrer Kindheit.

Kontaktaufnahme mit alten Gefühlen

Manche Menschen können leichter mit ihren alten Gefühlen Kontakt aufnehmen, wenn sie sich vorstellen, sie seien »zu Besuch« im Haus ihrer Kindheit.

Das kann folgendermaßen aussehen:

1. Machen Sie es sich bequem, schließen Sie die Augen, entspannen Sie sich und atmen Sie ein paarmal tief durch.
2. Sehen Sie sich selbst als das Kind, das Sie waren (in dem Alter, das Ihnen gerade einfällt), wie Sie vor dem Haus

(vor einem der Häuser) stehen, in dem Sie mit Ihrer Familie lebten.
3. Stellen Sie sich selbst in einer durchsichtigen Luftblase vor, in der Sie sich bewegen und aus der Sie hinaussehen können, in der Sie aber vor den Gefühlen oder Handlungen anderer geschützt sind.
4. Gehen Sie langsam auf Ihr Haus zu, öffnen Sie die Tür und treten Sie ein.
5. Gehen Sie langsam durch die Räume des Hauses. Betrachten Sie die Räume, ihre Farben und Möbel, wer sich in ihnen aufhält, und was geschieht. Sehen Sie sich dort selbst und beobachten Sie, was mit Ihnen vor sich geht.
6. Wenn Sie durch das Haus gehen, sind Sie vielleicht in den unterschiedlichen Räumen unterschiedlich alt. Lassen Sie das zu. Bleiben Sie in jedem Raum so lange, wie Sie wollen. Beachten Sie, daß das Kind, das Sie waren, etwas fühlt oder fühlen sollte.
7. Wenn Sie durch das ganze Haus gegangen sind, kehren Sie zur Haustür zurück, öffnen sie und treten hinaus.
8. Kehren Sie an den Platz vor dem Haus zurück, von dem Sie aufgebrochen sind, und verlassen Sie die Luftblase.
9. Fühlen Sie sich in Ihrem Körper als der Erwachsene, der Sie sind, und öffnen Sie die Augen, wenn Sie dazu bereit sind.

Man kann auch dieselbe imaginäre Reise ohne die schützende Luftblase unternehmen. Versuchen Sie in diesem Fall, »im Körper« des Kindes zu sein, das Sie einmal waren, und seine Gefühle möglichst intensiv zu erleben. Hier gelten dieselben Grundregeln wie bei dem im achten Kapitel dargestellten Prozeß der Regression. Sie erinnern sich, daß es darum ging, sich der Erfahrung und allen damit verbundenen Gefühlen vollkommen auszuliefern. Mit Angst muß man rechnen, denn

Angst war ein Teil aller Ereignisse. Aber auch diese Angst gehört zur Vergangenheit und sollte nicht Ihre Bereitschaft mindern, sich Ihren Gefühlen und Ihrem inneren Erleben so vollständig und offen wie möglich zu überlassen.

Nach diesen Vorbereitungen sollten Sie ziemlich viel Zeit darauf verwenden, diese Gefühle in Ihrem gegenwärtigen Leben ausfindig zu machen. Schreiben Sie jeden Tag auf, wann Sie ein bestimmtes Gefühl hatten und welche Person oder Situation es auslöste. (Beachten Sie, daß ich nicht sage »es verursachte«, denn Menschen und Ereignisse in unserem Erwachsenenleben verursachen nicht wirklich solche Gefühle – sie tippen lediglich unser Unbewußtes so an, daß das bis dahin blockierte und in der Regel schmerzhafte Gefühl ausgelöst wird und in unserem aktuellen Erleben auftaucht.)

Wichtig ist, daß man sich ein paar Wochen lang Zeit nimmt, um seine emotionalen Reaktionen zu beobachten und aufzuschreiben, wann, mit wem und was man im Zusammenhang mit diesen alten schmerzlichen Gefühlen empfindet. Das wird ziemlich schwierig sein. Damit Sie es trotzdem schaffen, müssen Sie alle Vorstellungen und Meinungen beiseite schieben, die Sie im Hinblick auf problematische Themen in Ihrem gegenwärtigen Leben haben, und vorläufig alles unterlassen, was Sie aufgrund Ihrer Einschätzung dieser Themen unternehmen oder vorhaben. Entschlüsse zu gegenwärtigen Ereignissen in Ihrem Leben (am Arbeitsplatz, in Ihrer Beziehung usw.) sind oft ein Durcheinander aus unerkannten alten Gefühlen, unbewußten Versuchen, seine Kindheitsbedürfnisse befriedigt zu bekommen, und falsch verarbeiteten Erfahrungen (wie im sechsten Kapitel dargestellt). All das vorläufig hintanzustellen, wird sie nicht daran hindern, Ihre Ziele zu erreichen, wenn Sie bereit sind, zu experimentieren und auf den potentiellen Nutzen Ihrer gegenwärtigen Arbeit zu vertrauen.

Wichtig ist nicht, daß Ihnen noch *während einer Auseinandersetzung* bewußt wird, daß ein altes Gefühl in Ihnen ausgelöst wurde. Es macht nichts, wenn Sie das erst später merken. Schreiben Sie es auf, gleichgültig, wann es geschah oder wieviel später es Ihnen bewußt wurde. Zu diesem Zeitpunkt geht es darum, daß Sie feststellen, wann jedes Gefühl auf der Liste Ihrer Mißbrauchstatsachen in Ihrem jetzigen Leben auftritt und was oder wer es auslöst.

Betrachten wir dazu Tom, der auf seiner Gefühlsliste oft aufschrieb, daß er sich »nicht gut genug«, »unbedeutend«, »unerwünscht« fühlte. Toms Bericht könnte folgendermaßen aussehen:

4. März: Versuchte, meinem Chef eine Frage zu stellen, als er gerade mit etwas anderem beschäftigt war. Erhielt eine gereizte Antwort und sollte später wiederkommen. Fühlte mich unbedeutend.
8. März: Wollte Kims Aufmerksamkeit, als sie gestern abend nach Hause kam. Sie ignorierte mich weitgehend und ging einfach schlafen. Fühlte mich unerwünscht.
9. März: Wieder Kim. Sie reagierte verärgert, als ich mit ihr sprechen wollte, während sie das Essen vorbereitete. Fühlte mich unbedeutend.
16. März: Stellte diese Woche verschiedene Male fest, daß Kim lieber las oder mit einer Freundin telefonierte als sich mit mir zu unterhalten. Fühlte mich nicht gut genug.
18. März: Jim wollte sich keine Zeit nehmen, um einen Termin zum Tennisspielen mit mir zu verabreden. Fühlte mich nicht gut genug.
25. März: Fand heraus, daß Jim mich nicht auf den Jagdausflug einladen will, den er plant. Er weiß, daß ich nicht gern auf die Jagd gehe, aber ich fühlte mich trotzdem nicht gut genug.

Tom kann aufgrund dieser Vorfälle zunächst einmal aufschreiben, daß Jim, Kim und sein Chef wahrscheinlich primäre Symbole für ihn darstellen.

Bei Susan, die sich in ihrer Kindheit oft schutzbedürftig und verängstigt fühlte, könnte der Bericht folgendermaßen aussehen:

8. Juni: Edith stellte die Stereoanlage wirklich laut, und ich befürchtete, daß unsere mäkeligen Nachbarn sich ärgern könnten. Sie lachte nur über meine Besorgnis, obwohl ich inzwischen befürchtete, daß die Nachbarn die Polizei rufen würden. Hatte das Gefühl, daß ich jemanden brauchte, der sich für mich durchsetzen würde, damit mir nichts passieren konnte, aber da war niemand. Hatte Angst und fühlte mich schutzbedürftig.
12. Juni: Heute wurde mir klar, wie laut und heftig Edith oft ist und daß ich immer dann, wenn wir gemeinsam in der Öffentlichkeit sind, Angst habe, wie wenn etwas Schlimmes passieren könnte. Ich hätte auch gern, daß jemand da wäre, der mit der Situation umgehen könnte, vor der ich mich fürchte. Eigentlich fühle ich mich ständig schutzbedürftig und ängstlich. Das war mir nur noch nie bewußt.
15. Juni: Heute habe ich mich gefragt, ob ich deswegen so gern in der Bibliothek arbeite, weil es dort immer so ruhig ist und ich mich nie fürchte.

Susan kann erkennen, daß sie sich in jeder »allzu« unübersichtlichen oder lauten Situation (das mag auch ihre Berufswahl beeinflußt haben) unbehaglich fühlt, weil bestimmte Kindheitsgefühle in ihr ausgelöst werden.

Wenn Sie Ihren Bericht fertig und genügend Informationen haben, um offensichtliche Muster feststellen zu können, sind Sie bereit, die Liste Ihrer symbolischen Repräsentationen zu erstellen. Dabei kann es hilfreich sein, Personen und

Situationen getrennt festzuhalten. Vielleicht ordnen Sie sie auch der Reihe nach, mit den Situationen, auf die Sie am häufigsten, und den Personen, auf die Sie am stärksten reagieren, an der Spitze.

Toms Liste z.B. könnte folgendermaßen aussehen:

SYMBOL	GEFÜHL
Kim	unbedeutend unerwünscht nicht gut genug
Chef	unbedeutend
Jim	nicht gut genug

Und Susans Liste könnte so aussehen:

SYMBOL	GEFÜHL
Edith	Angst (jemanden zu verärgern) schutzbedürftig
Job in der Bibliothek	gibt mir Sicherheit (Angst vermeiden)

4. Übung: Erstellen einer Liste mit symbolischen Abwehrreaktionen

In einem nächsten Schritt brauchen Sie Zeit, um sich selbst und Ihre Reaktionen zu beobachten, wobei diesmal das Hauptgewicht auf Ihrem Verhalten liegt. Nachdem Sie nun eine Liste mit den für Sie symbolischen Menschen und Situationen und den von ihnen ausgelösten Kindheitsgefühlen erstellt haben, ist es an der Zeit, Ihre üblichen automatischen Verhaltensreaktionen zu klären. Auch das sollten Sie sich jeden Tag aufschreiben: was geschah und mit wem, welche Gefühle es in Ihnen auslöste und wie Sie darauf reagierten.

Inzwischen sollten Sie daran gewöhnt sein, sich zu beobachten und die Ereignisse und Ihre Gefühle aufzuschreiben. Ihre Reaktionen sollen Sie nun hinzufügen, um Ihre typischen Abwehrreaktionen auf Ihre Symbole zu klären. (Hier handelt es sich um die »Kampf«- oder »Rückzugsreaktionen«, die wir im dritten und vierten Kapitel beschrieben haben). Wenn Sie Ihre typische defensive Reaktion bestimmt haben, schreiben Sie es auf der Liste in einer möglichst einfachen Formulierung neben den Namen der Person und/oder des Ereignisses, das es auslöste: »Ich schreie«, »ich argumentiere«, »ich gehe weg«, »ich verstumme«, »ich verhalte mich, als sei nichts geschehen«, »ich entschuldige mich« usw.

Nachdem Sie sich genügend beobachtet haben, um Klarheit über Ihre typischen Verhaltensreaktionen auf jedes Symbol und das von ihm ausgelöste alte Gefühl zu haben, ist Ihre dreiteilige Liste symbolischer Abwehrreaktionen fertig. Sie könnte folgendermaßen aussehen:

SYMBOL	GEFÜHL	ABWEHRREAKTION
(Person und Ereignis und was geschieht)	(alt)	(Reaktion)
Mary beschwert sich	Ärger	Zeitung gelesen
Chcf ist gereizt	Angst	gelächelt, einen Witz erzählt
Mutter kritisiert mich	bin schlecht	mit ihr argumentiert

Gefühle der Tochter verletzt	traurig	ihr gesagt, das sei kein Grund zum Weinen

5. Übung: Der Trauerprozeß

Es ist schwerer, über die Vergangenheit zu trauern als über sie nachzudenken, zu sprechen oder zu weinen. In Übung fünf beginnen wir in einem dreistufigen Prozeß, unsere unbewußte Abwehr zu überwinden und zu trauern.

Erster Schritt

In einem ersten Schritt lernen wir, uns in einem Augenblick, in dem wir uns normalerweise defensiv verhalten (Rückzug, Vermeidung), von einem Symbol zu lösen. Ihre Liste der symbolischen Abwehrreaktionen kann Ihnen dabei Informationen geben und Ihr Vorgehen strukturieren.

»Sich lösen« heißt erkennen, daß ein Ereignis für Sie symbolisch ist und daß Sie entweder schon defensiv reagieren oder es gerade vorhaben – indem Sie kämpfen oder sich verschließen. Nachdem Sie das erkannt haben, schalten Sie um, mit anderen Worten: Sie verändern Ihren Aufmerksamkeitsfokus. Bis hierher haben Sie sich auf das konzentriert, was in Ihrer erwachsenen, gegenwärtigen Umgebung geschah. Wenn Sie begreifen, daß Sie auf ein Symbol reagieren, eröffnet Ihnen dies die Möglichkeit, Ihre Aufmerksamkeit von dem äußeren, symbolischen Ereignis abzuwenden und sie nach innen zu richten. Diese Umlenkung Ihrer Energie vom gegenwärtigen Ereignis nennen wir »sich lösen«.

Die Umlenkung Ihrer Energie in einem Augenblick, in dem ein sehr starker Impuls Sie beherrscht, erfordert sowohl mentale als auch emotionale Disziplin. Sie müssen vorausplanen, und dabei kann Ihnen die Liste Ihrer symbolischen Abwehrreaktionen eine Hilfe sein. Je genauer Sie wissen, wer oder was für Sie symbolisch ist und wie Sie sich normalerweise wehren, desto besser sind Sie auf das nächste Ereignis vorbereitet. Sie müssen sich im voraus mit dem beschäftigen, was passieren könnte und wie Sie dann reagieren. Sie beschließen vorab, daß Sie sich in einer bestimmten Weise verhalten und nicht einfach das tun werden, was sie üblicherweise tun. An diesen Entschluß halten Sie sich selbst dann, wenn Ihre Gedanken oder Gefühle Ihnen nahelegen, etwas anderes zu tun. Vielleicht hilft es Ihnen, sich zu erinnern, was man tun muß, wenn einem der Wagen ins Schleudern gerät: Obwohl man das Gefühl hat, es sei völlig falsch, muß man das Steuerrad in die Richtung drehen, in die der Wagen sich bewegt – und nicht anders herum. Keiner von uns ist es gewohnt, nach rechts zu drehen, wenn er nach links will. Es widerspricht allem, was unser Körper tun will, wenn wir ins Schleudern geraten, doch wir zwingen uns, uns an die Vorschrift des Fahrlehrers zu halten und vertrauen darauf, daß der Wagen wieder in die Spur kommt – und er tut es. Die Abfahrt auf einem steilen Schneehang ist ein anderes Beispiel. Aus Angst wollen wir uns nach hinten zum Berghang hin lehnen, richtig aber ist es – weil wir dann nicht stürzen -, sich nach vorn, über die Skier zu lehnen, den Blick talwärts gerichtet, als wollten wir fliegen.

Sie müssen sich vorab sicher sein, daß das Verhalten, das Sie anstelle Ihres Abwehrverhaltens zeigen wollen, Ihnen in keiner Weise schaden kann, denn ein solches Umlenken erfordert dieselbe Art Vertrauen und Kontrolle wie Skifahren oder die Korrektur eines Schleuderkurses. Erst mit einem solchen konsequenten Umlenken wird ein Loslösen möglich.

Das heißt nicht unbedingt, daß Sie die Person, die Ihr Symbol ist, nicht mehr »sehen« oder sich keine Gedanken mehr über sie machen. Ihnen ist lediglich klargeworden, daß Ihre Energie sich auf die Vergangenheit richtet. Sie konzentrieren sich deshalb auf die Energie selbst (Tatsachen und Gefühle), anstatt zwanghaft über ein gegenwärtiges Ergebnis nachzudenken.

Zweiter Schritt

Nachdem Sie sich von dem gegenwärtigen Kampf gelöst haben, müssen Sie die Energie, die nach außen gerichtet war, einsetzen, um Ihren inneren Zustand zu überprüfen. Sie müssen versuchen, das Gefühl zu bestimmen, das Sie durch Ihr Abwehrverhalten zu vermeiden versuchten. Gerade deshalb ist es so wichtig, daß Sie sich aus der gegenwärtigen Situation lösen. Sonst sind Sie nicht bereit, sich Ihren schmerzlichen Gefühlen zu öffnen.

Dieser zweite Teil kann einige Zeit dauern. Wahrscheinlich werden Sie auch nicht gleich erfolgreich sein. Aber auch dann, wenn Sie wenigstens Ihre Abwehr aufgeben und versuchen, zu Ihrem Gefühl vorzudringen – selbst wenn es Ihnen die ersten paar Male nicht gelingt –, haben Sie schon einen großen Schritt voran getan. Wenn Sie nicht aufgeben, stoßen Sie irgendwann unweigerlich auf Ihr Gefühl. Dann ist es wichtig (s. 3. Übung), diesem Gefühl auf den Grund zu gehen.

Dritter Schritt

Wenn Sie das schmerzliche Gefühl, das Sie bisher abwehrten, genau identifiziert haben, sollten Sie versuchen, es mit dem ursprünglichen Ereignis oder der ursprünglichen Wahrheit in

Verbindung zu bringen, durch die es entstand. Sie finden seine Ursache höchstwahrscheinlich in Ihrer Familie und Ihrer Kindheit, auch wenn Sie keinen unmittelbaren Zugang dazu haben.

Vielleicht fällt Ihnen gleich ein bestimmtes Ereignis ein. Wenn das so ist, umso besser: Schließen Sie die Augen, nehmen Sie sich zurück, indem Sie sich als das Kind vorstellen, das Sie waren, und bleiben Sie so lange wie möglich bei Ihrem Gefühl und der alten Realität.

Finden Sie nicht so leicht Zugang zum Ursprung Ihrer Gefühle, können Sie den Prozeß auf zweierlei Weise fördern. Sie können sich zunächst einmal fragen, wann Sie Ihr Gefühl schon einmal hatten. Überlegen Sie dann, wann das zuvor schon der Fall war, und gehen Sie auf diese Weise in der Zeit zurück, bis Sie zu Ihrer ersten Erinnerung an das Gefühl gelangen. Sie werden sich wahrscheinlich bei jedem Versuch an weiter zurückliegende Gelegenheiten erinnern. Fragen Sie sich als nächstes, in welche Worte sich Ihr Gefühl fassen läßt. Möglicherweise fühlen Sie sich sehr allein. Stellen Sie sich vor, was Sie im Zusammenhang mit diesem Gefühl sagen möchten, also beispielsweise »Warum war keiner für mich da?« oder »Ich brauche jemanden, der bei mir bleibt.« Fallen Ihnen die zu Ihrem Gefühl passenden Worte ein, so beschreiben sie wahrscheinlich die genauen Umstände, aus denen Ihr Gefühl ursprünglich entstand. Diese Worte laut auszusprechen kann Ihnen helfen, sich leichter in Ihre alte Erinnerung »fallenzulassen«.

Es kann auch passieren, daß Sie Ihre Erinnerung nicht wiederfinden und keinen Zusammenhang herstellen können. Bei manchen Menschen wird das schmerzliche Gefühl schon unterdrückt, wenn sie nur den Versuch unternehmen, ihr Gefühl mit ihrer alten Kindheitsrealität in Zusammenhang zu bringen. Brechen Sie in diesem Fall Ihren Versuch ab. Der

Zugang zu den schmerzlichen Gefühlen ist besonders wichtig. Wenn irgend etwas, das Sie tun, Sie von diesen Gefühlen trennt, halten Sie inne und kehren Sie zu dem zurück, was Sie getan haben, als Sie diese Gefühle noch spürten. Bei den meisten Menschen heißt dies, daß sie sich wieder auf das gegenwärtige Symbol konzentrieren. Stellen Sie fest, daß Sie nicht in Ihrem Gefühl bleiben können, ohne an das gegenwärtige Symbol zu denken oder es vor sich zu sehen, lassen Sie das einfach zu. Wichtig ist es zu wissen, daß der Schmerz irgendwohin in Ihre Kindheit gehört, gleichgültig, wer ihn Ihrer Meinung nach in der Gegenwart ausgelöst hat, und daß Sie offen bleiben für einen Wechsel in die vergangene Realität, der ohne Ihr Zutun geschehen könnte.

Fassen wir die verschiedenen Schritte noch einmal zusammen. Ich wiederhole:

1. Lösen Sie Ihre Konzentration von der symbolischen Person oder dem symbolischen Ereignis.
2. Finden Sie zu dem schmerzlichen Gefühl, das Ihr Symbol in Ihnen auslöst, und identifizieren Sie es genau. Lassen Sie zu, daß es Sie ergreift.
3. Bringen Sie dieses Gefühl möglichst mit dem ursprünglichen Ereignis oder der ursprünglichen Kindheitsrealität zusammen, in der es entstand. Wird das Gefühl daraufhin schwächer, konzentrieren Sie sich weiter auf das Symbol und bedenken dabei, daß es lediglich jemanden oder etwas anderes symbolisiert.

Sobald Sie in der Lage sind, auf symbolische Ereignisse nicht mehr mit Ihren alten Abwehrreaktionen, sondern mit den drei hier dargestellten Schritten zu reagieren, haben Sie den kindlichen Bewußtseinszustand erreicht, der es Ihnen ermöglicht, heute über Ihren alten Schmerz zu trauern und ihn zu heilen.

Ich betone noch einmal, daß es sehr angstbesetzt sein kann, den alten Schmerz zu fühlen, zuzulassen, daß er wehtut, und noch einmal in die Kindheitssituation zurückzukehren, die ihn verursachte. Wenn Sie zulassen, daß das geschieht – daß Sie Ihren Tränen freien Lauf lassen, daß Sie die Worte, die Ihren Schmerz beschreiben, hinausschreien, daß Sie Ihre Familienmitglieder vor sich sehen, daß Sie vor Ihrem geistigen Auge in die vergangene Situation zurückversetzt sind, daß Sie sich wieder »im Körper« des Kindes befinden, das Sie einmal waren – dann kann die Energie der ungefühlten Schmerzen des Kindes Sie frei und unkontrolliert durchfließen. Das mag Ihnen so vorkommen, als würde es nie mehr aufhören.

Und dennoch hört es irgendwann auf. Wenn Sie zulassen, daß Sie das Gefühl voll und ganz empfinden, ohne zeitliche Einschränkung, ohne den Versuch, es als »zu viel« zu kontrollieren oder zu bewerten, dann hört es von ganz allein auf. Es hört auf, Sie kommen zur Ruhe, und da dann ein Teil des alten Schmerzes geheilt ist, erscheint Ihnen ein Teil Ihrer Erwachsenenrealität als etwas Neues, bis dahin nicht Gekanntes. Zugleich haben Sie mehr Klarheit gewonnen über das, was »damals« geschah und was Ihre wirklichen Bedürfnisse heute sind.

Viele empfinden nach einer emotional so schmerzlichen Erfahrung eine tröstliche und wohltuende Ruhe. Manchmal fühlt es sich gut an, einfach in diese Ruhe einzutauchen. Oder aber es fällt Ihnen etwas ein, das Ihrem zutage tretenden »Selbst« guttut, und Sie machen es wie Julie, die während einer solchen Unterbrechung beschloß, ein Picknick zu richten und mit den Kindern wegzufahren. Folgen Sie solchen Eingebungen. Sie kommen von Ihrem wahren Selbst.

Diesen Prozeß sollte man so oft wie nötig wiederholen. Dabei werden Sie die Wahrheit über das, was Ihnen in Ihrer Kindheit passierte, ebenso wie die Wahrheit über Ihre Gegenwart immer besser erkennen. Jede Trauererfahrung trägt dazu bei, daß Sie immer häufiger in Ihrer Erwachsenenrealität bleiben können, bevor sie durch ein noch nicht aufgelöstes Symbol wieder in Ihren Schmerz zurückgeworfen werden.

Inzwischen gibt es viele Therapien, bei denen die Klienten darin unterstützt werden, den Schmerz ihrer Kindheit zu fühlen und mit ihren Erinnerungen zu arbeiten. Was ich hier dargestellt habe, ist insofern anders, als der Kontext der gegenwärtigen Realität mit eingeschlossen ist, den Sie unbewußt geschaffen haben, um Ihre Abwehrmechanismen des Kämpfens oder Vermeidens weiter einsetzen zu können. Wird dieser Kontext nicht als Ausgangsbasis genommen, so ist die emotionale Erfahrung, die Sie machen, vielleicht befriedigend und erleichternd, aber nicht vollständig: Ihr unbewußtes Programm, die Hoffnung darauf, daß Sie die Vergangenheit (über Ihre Symbole) ändern können, bleibt erhalten. Identifikation und Einbindung unserer gegenwärtigen Symbole sind ein wesentlicher Bestandteil dieser Therapie. Sie helfen uns sicherzustellen, daß das Ergebnis Ihres Regredierens in die Kindheit auch die hinter den Gefühlen verborgenen Wahrheiten miteinschließt, so daß Sie erfahren, wer Sie verletzte, wie das geschah und daß Sie ein unschuldiges Opfer sind. Wenn Sie dann frei sind von dem Bedürfnis nach symbolischen Beziehungen oder Abwehrreaktionen, können Sie erkennen, was heute Ihre wahren, erwachsenen Bedürfnisse sind. Das ist entscheidend, denn erst dann können Sie sich wirklich bemühen, Ihre authentischen erwachsenen Bedürfnisse zu befriedigen. Manchmal wird Ihnen das gelingen, ein andermal wieder nicht, aber selbst, wenn es Ihnen nicht gelingt, haben Sie immer eine Alternative, während der unbewußte Versuch, Ihre Kindheit zu ändern, immer mißlingen wird.

Der hier beschriebene Prozeß ist sehr schwierig. Manchmal werden Sie das Gefühl haben, den Schmerz nicht aushalten zu können. Sie werden denken, es sei einfach zu anstrengend. Anstrengend ist es auch, aber es ist möglich und es ist auszuhalten. Sie können es aushalten. Das Kind, das Sie einst waren, konnte es nicht. Der Prozeß, der uns erlaubt, diese Arbeit zu tun, auch wenn sie nach all den Jahren noch so schwierig ist, ist ein Wunder. Und noch wunderbarer ist die Tatsache, daß die daraus entstehende Heilung von Dauer ist.

X
Vertrauen in den Prozeß der Regression

In den ersten Monaten ist die Arbeit der Regression am anstrengendsten. Unmittelbar nach der Behandlung in den derzeit üblichen Therapiezentren und Workshops berichten die Klienten oft, sie fühlten sich schon besser, während die Anhänger der Regressionstherapie sagen, ihre Therapie sei schwierig, schmerzlich und erschöpfend. Nur stellen viele Klienten nach einer der üblichen Therapien bald fest, daß, wenn dieses erhebende Gefühl des »Sich-besser-Fühlens« nachläßt, sich weder ihre Symptome noch sonst etwas in ihrem Leben verändert haben.

In meinem Büro habe ich ein Poster mit einer Lumpenpuppe, die durch den Wringer einer altmodischen Waschmaschine gedreht wird. Ihr Körper ist erst halb durchgedreht, und da hängt sie nun, zusammengepreßt und kraftlos, von der Taille an abwärts aus der Maschine heraus. Der Spruch auf dem Poster »Die Wahrheit wird dich frei machen, aber zuerst fühlst du dich erbärmlich«, gewinnt für meine Klienten Bedeutung, wenn ihre Arbeit voranschreitet.

Eine Therapie, bei der es um die wahren Antworten geht – die einfachen, wie sie in diesem Buch hier dargestellt sind – gibt einem nicht gleich ein gutes Gefühl. Zunächst einmal fühlt man sich nämlich schlechter! Deshalb geben auch so viele wieder auf. Es kommt immer wieder vor, daß ein neuer Klient, dem ich von einem Langzeitklienten empfohlen wurde, zwei- oder dreimal kommt und dann nicht mehr erscheint. Von meinem alten Klienten höre ich dann, sein Freund habe gesagt: »Ich weiß, daß Jean recht hat, aber ich will mich nicht damit auseinandersetzen.« Eine solche Reaktion ist verständlich. Niemand fühlt sich gern schlecht. Doch es ist wichtig, daß jeder, der bereit ist, eine Therapie zu beginnen, auch weiß, welche Art von Therapie ihn dahin bringt, wo er hin will, so daß er sich gut informiert entscheiden kann.

Nur eine Therapie, die sich auf die einfache Wahrheit dessen stützt, was wirklich in Ihrer Kindheit geschah – eine Therapie, in der Sie diese Wahrheit aufdecken, Ihre Verleugnung aufgeben, Ihre Verdrängung überwinden und sich mit dem verheerenden Schmerz konfrontieren können, den diese Wahrheit in Ihnen auslöste und den Sie nur unter Lebensgefahr hätten zulassen können – wird letzten Endes erfolgreich sein. Eine Heilung wird möglich, wenn Sie sich uneingeschränkt mit diesen Tatsachen auseinandersetzen, den Schmerz fühlen, die Ursachen Ihrer Verletzungen und die Legitimität Ihrer Bedürfnisse erkennen – ohne daß man Sie darin bestärkt, zu »vergeben«, sich eine alternative Realität zu schaffen oder sich von einem Gruppenprozeß abhängig zu machen.

Einige der mit der Regressionsarbeit verbundenen Schwierigkeiten haben wir bereits dargestellt – den starken Drang, zu kämpfen oder sich zurückzuziehen, die Angst, die von Ihnen Besitz ergreift, und natürlich das unausweichliche Leiden, wenn Sie zulassen, daß Sie den alten Schmerz fühlen. Darüber hinaus aber kann Sie eine weitere häufige, diesmal mentale Reaktion behindern.

Der Unterschied zwischen kindlichem und erwachsenem Bewußtseinszustand wird erst dann klar, wenn er kein Konzept mehr, sondern eine Erfahrung ist. Bevor Sie diese Erfahrung nicht ein, sondern viele Male gemacht haben, können Sie das nur glauben, aber nicht aus eigenem Erleben wissen. In der Phase, in der Sie sich noch nicht bewußt als das Kind, das

Sie waren, erlebt haben und noch nicht genügend über Ihren alten Schmerz getrauert haben, um Ihren erwachsenen Bewußtseinszustand wirklich erkennen zu können, laufen Sie Gefahr, einfach festzustellen, was Erwachsenenrealität und was Kindheit ist. Am häufigsten passiert das, wenn Ihr Partner Ihr Symbol ist, denn in Partnerbeziehungen ist Ungewißheit am schwersten zu ertragen. Das will ich genauer erklären.

Nicht selten kämpfen meine Klienten mit jemandem, der irgendwie unzugänglich ist. Werden Sie in den Kindheitsschmerz geführt, der sich in ihrer Beziehung symbolisiert, wenden sie ihre Aufmerksamkeit oft von der Regression ab und fragen: »Aber will nicht auch ein Erwachsener emotionale Nähe?« Es kann verwirrend sein, wenn die Antwort dann heißt, man reagiere auch in anderen symbolischen Situationen aus seinem kindlichen Bewußtseinszustand heraus. Angenommen, Sie schämen sich furchtbar, weil Sie auf einer Party zufällig eine abfällige Bemerkung über Ihre Kleidung mitgehört haben. Nachdem Sie die Party sofort unauffällig verlassen und auf dem ganzen Heimweg weinen – ein Verhalten, das ganz offensichtlich durch Kindheitsgefühle ausgelöst wurde – fragen Sie sich vielleicht: »Aber was hätte ein Erwachsener in diesem Fall getan?«

Diese Frage wird häufig gestellt und deutet auf eine verständliche und legitime anfängliche Verwirrung hin. Jeder Augenblick, den Sie darauf verwenden herauszufinden, was Ihr erwachsenes Verhalten gewesen wäre, lenkt zunächst einmal Ihre Aufmerksamkeit ab und hält den Heilungsprozeß auf. Zweitens kommt in einer solchen Frage der Versuch zum Ausdruck, durch eine emotionale »Abkürzung« die Situation zu kontrollieren. Mit anderen Worten, diese Frage kann aus dem unbewußten Wunsch entstehen, den Schmerz nicht fühlen zu müssen, ein erwachsenes Fühlen und Denken zu entdecken, ohne vorher den dafür notwendigen Trauerprozeß durchlaufen zu müssen. Drittens gibt es ebensowenig ein typisches »Kind«, das wir einmal waren, wie es einen typischen »Erwachsenen« gibt. So wie jede Kindheit unterschiedlich war, so ist auch jeder von uns zu einem einzigartigen erwachsenen Selbst geworden. *Sie können also gar nicht wissen, wie Sie als Erwachsener fühlen, denken und handeln werden, bevor Sie nicht voll und ganz den erwachsenen Bewußtseinszustand entwickelt haben.*

Noch problematischer wird es, wenn Sie versuchen, Entscheidungen zu Ihrer gegenwärtigen Situation zu treffen, bevor Sie sich im erwachsenen Bewußtseinszustand befinden. Die Vorstellung, daß Ihre Gefühle und Einstellungen im Hinblick auf bestimmte Aspekte Ihres Lebens tatsächlich ausschließlich auf Motivationen zurückgehen können, die mit unbefriedigten Kindheitsbedürfnissen zusammenhängen, ist ohnehin schwer zu akzeptieren, insbesondere aber dann, wenn man von alten Schmerzen geplagt wird. Die meisten von uns durchlaufen eine Phase, in der sie glauben, ihr Schmerz über die Unzugänglichkeit eines Menschen sei alt und erfordere, daß sie darüber trauern; gleichzeitig klammern sie sich aber an die Vorstellung, daß wenigstens ein *Teil* ihrer Gefühle durch die gegenwärtige Situation verursacht sein müsse. Das ist gefährlich, denn wir können nicht halbherzig trauern. Haben Sie erst einmal einen Menschen in Ihrem Leben als Symbol identifiziert, müssen Sie zumindest als Hypothese akzeptieren, daß *alle* Schmerzen, die Sie als Reaktion auf diese Person empfinden, eigentlich Schmerzen aus Ihrer Kindheit sind.

Etwas als Hypothese zu akzeptieren bedeutet, daß man seine Beurteilung so lange aufschiebt, bis die Hypothese überprüft ist. Während dieser Probezeit sollten Sie sich so verhalten, als sei die Hypothese wahr. Das Ergebnis Ihres Handelns wird dann zeigen, ob das zutrifft oder nicht. Für die Regressionsarbeit sollten Sie mindestens eine mehrere Monate lange Phase der Überprüfung ansetzen. Während dieser Zeit, wenn Sie Ihre ersten Abwehrmechanismen aufgeben und den Schmerz fühlen, könnten Sie versucht sein herauszufinden, was nun eigentlich alt und was neu ist – einfach deshalb, weil der Prozeß so lange dauert. Doch sobald Sie den ersten Wechsel in Ihren wahren erwachsenen Bewußtseinszustand wahrnehmen und merken, wie anders Sie im Hinblick auf etwas fühlen und denken, das Sie gerade noch verletzt hat, schwindet das Bedürfnis, Vergangenheit und Gegenwart zu sortieren.

Das läßt sich in zahlreichen Fällen beobachten. Jackie beispielsweise reagierte jedesmal eifersüchtig, wenn Paul einen Abend »allein« verbringen wollte. Sie glaubte ihm nie, daß er wirklich nur Zeit für sich haben wollte, bis sie sich erinnerte und durchlebte, wie ihre ältere Schwester sie angelogen hatte, um sie loszuwerden und statt dessen zu ihren Freunden zu gehen. Vor ihrem Wechsel in den kindlichen Bewußtseinszustand war Jackie sicher gewesen, daß einfach jeder eifersüchtig sei. Jetzt hingegen stellt sie fest, daß Sie es ist, die mehr Zeit für sich allein will. Auch Dan, der die Beziehung zu einer Frau abgebrochen hatte, die ihm gerade deshalb besonders attraktiv erschien, weil sie ihn mißbrauchte, fiel es sehr schwer, ihr nicht hinterherzufahren, wenn er ihren Wagen sah. Da sein Gefühl so stark war, befürchtete er, am Ende doch die falsche Entscheidung getroffen zu haben – bis er schließlich den Schmerz fühlte, der aus der Erkenntnis entstand, daß das Äußerste, was er als Kind an Zuwendung erfahren hatte, Mißbrauch war. Als ihm das bewußt wurde, war es für Dan auch kein Problem mehr, wenn er die Frau zufällig traf.

Vertrauen in die Wiederkehr des erwachsenen Bewußtseinszustands

Was Ihre Entscheidungen angeht, sollten Sie auch bedenken, daß Sie, wenn Sie sich in einem kindlichen Bewußtseinszustand befinden, nur über die geistigen und emotionalen Fähigkeiten des Kindes verfügen, das Sie waren. Ihre Fähigkeit, ein Problem rational anzugehen, fällt zurück auf das frühe Alter, in das Sie regredieren. Sie können nicht in beiden Bewußtseinszuständen gleichzeitig sein. Sie können nur insofern »erwachsen« bleiben, als Sie wissen, daß die Angst und der Schmerz, die Sie empfinden, nichts mit der gegenwärtigen Situation zu tun haben und deshalb wiederaufgenommen und möglichst vollständig erfahren werden müssen. Abgesehen von diesem Bewußtsein ist Ihnen Ihre Fähigkeit, Situationen zu bewerten und zu beurteilen, nicht zugänglich. Sie müssen warten, bis sie Ihnen wieder zur Verfügung steht.

In bestimmten sich wiederholenden symbolischen Situationen – wie bei Idas Bedürfnis nach Hanks Gesellschaft – wird es sehr lange dauern, bis sie überhaupt einmal den erwachsenen Bewußtseinszustand erleben. Während dieser Zeit kann man sich an die Richtschnur halten, daß man in seinen Beziehungen alle Gedanken und Gefühle, die man als symbolisch identifiziert hat, als alt akzeptiert und daß man jede Tendenz, dies in Frage zu stellen, als Abwehrhaltung erkennt.

Die Bereitschaft zu trauern

Zunächst werden Sie vor allem damit beschäftigt sein, Ihre Abwehrmechanismen abzubauen, denn solange das nicht geschehen ist, ist auch keine Trauer möglich. Trauer ist ein Zustand der absoluten Wehrlosigkeit, in dem Sie sich allem überlassen müssen, was Sie als wahr erkennen, wie stark die damit verbundenen Emotionen auch sein mögen. Wenn Sie den alten, nie verarbeiteten Schmerz fühlen, erkennen Sie die Wahrheit über Ihre Ursprungsfamilie. Sie können sich eingestehen, was geschah und wie schlimm es war, und Sie können Ihre Erinnerungen bewußt annehmen. Über diese Erinnerungen zu trauern bedeutet, sie zu neutralisieren. Sie werden zu Bildern aus Ihrer Vergangenheit, die zwar einmal schmerzhaft waren, jetzt aber schon lange zurückliegen und vorbei sind. Trauern versetzt Sie in die Lage, ganz bewußt in Ihrer Erwachsenenrealität zu sein. Sie werden Ihre angeborene Fähigkeit zurückgewinnen, Erfahrungen unmittelbar und ohne unbewußte Interferenzen zu verarbeiten. Sie werden Ihre Entscheidungen auf der Grundlage dessen treffen, was in Ihrer Erwachsenenrealität wirklich wahr ist, und nicht mehr auf das reagieren, was Ihnen als Kind widerfuhr.

Die Bereitschaft und Fähigkeit zu trauern ist eine Gabe, die weit mehr mit sich bringt als die Heilung Ihrer Mißbrauchserfahrungen in der Kindheit. Wenn wir in unserem weiteren Leben immer dann trauern, wenn wir etwas als schmerzhaft erleben, können wir uns mit leidvollen Wahrheiten auseinandersetzen, anstatt sie zu verleugnen, und dieselbe heilende Kraft auch in der Gegenwart erleben. R.D. Lange soll einmal gesagt haben: »Das Leben bringt viele Schmerzen mit sich, die sich nicht vermeiden lassen. Der einzige Schmerz, der sich vermeiden läßt, ist der Schmerz, der entsteht, wenn man versucht, Schmerzen zu vermeiden.«

Mary beispielsweise stellt fest, daß Joe immer mehr trinkt und sie schlecht behandelt. Sie weiß, wie sie sich fühlt – wahrscheinlich zornig und enttäuscht. An diesem Punkt ist klar, welche Möglichkeiten sie hat, und sie kann sich entscheiden. Entweder sie konfrontiert Joe mit seinem Verhalten und besteht darauf, daß er verantwortlich handelt und sein exzessives Trinken und den Mißbrauch einstellt. Wenn das nichts hilft, kann sie Joe verlassen, denn sie ist glücklicherweise nicht finanziell von ihm abhängig. Oder aber sie entscheidet sich zu bleiben und das Beste aus der Situation zu machen. Dann weiß sie allerdings auch, daß dies ihre eigene Entscheidung ist, so daß sie keinen unterschwelligen Groll empfinden muß. Wenn Mary nicht mehr darunter leidet, daß sie die Mißbrauchserfahrungen aus ihrer Kindheit verdrängen muß, ist sie zwar nicht glücklich mit ihrer jetzigen Situation, doch sie kann den gegenwärtigen Umständen entsprechend darauf reagieren.

Die Lust am Leben wiederentdecken

Die meisten von uns leben schon jahrelang mit irgendeiner Art von Unzufriedenheit: Sie fühlen sich emotional eingeengt, unternehmen endlose, nie befriedigte Versuche, etwas Besonderes zu sein oder »Erfolg« zu haben, sorgen sich, was andere wohl von ihnen halten, sind zwanghaft beunruhigt wegen des letzten Gesprächs, das sie mit jemandem hatten, führen »innere Monologe«, fühlen sich innerlich tot, haben Angst vor Menschen, isolieren sich, versuchen ihr wahres Selbst zu verbergen, finden nie eine Arbeit, die ihnen Spaß macht, oder Kollegen, mit denen sie klarkommen, lassen sich auf jemanden ein, von dem sie sicher sind, er sei der Mann/die Frau ihres Lebens, nur um nach einer Weile das Gefühl zu haben, die Beziehung sei langweilig, sind von sich selbst als Eltern oder von ihren Kindern enttäuscht, tragen Zorn, Vorwürfe und Groll mit sich herum ... Diese Liste ließe sich beliebig fortsetzen.

Warum streben viele Menschen so zwanghaft nach der Macht und Kontrolle, die sie durch Geld (oder Schläge) erlangen können? Warum gibt es so viele Kriege und Haß in unserer Welt? Warum töten die Mitglieder einer Religion oder einer ethnischen Gruppe Mitglieder von anderen Religionen oder anderen ethnischen Gruppen? Warum werden so viele Menschen als »klinisch depressiv« diagnostiziert? Warum gibt es eine so hohe Nachfrage nach stimmungsaufhellenden Medikamenten?

Wir sind offensichtlich nicht wirklich geistig gesund. Irgend etwas in unserem tiefsten Inneren ist nicht befriedigt worden. Dieses »Etwas« ist, so meine ich, das Bedürfnis des Kindes nach Liebe. Das Kind, das Sie waren, kann diese Liebe nicht mehr bekommen – nichts wird dieses tiefe Bedürfnis von damals mehr befriedigen. Doch darüber zu trauern kann uns heilen, uns wieder unversehrt machen und uns selbstbestimmt leben lassen.

3. Teil

Regressionstherapie in der Praxis

XI Fallstudien und Berichte

Um dem Leser eine Vorstellung davon zu geben, was verschiedene Menschen dazu motivierte, den Prozeß der Regression zu beginnen, und welche Erfahrungen sie damit machten, legte ich denjenigen meiner Klienten, die beschreiben wollten, was die Arbeit der Regression für sie bedeutete, einen Fragebogen vor. Ihren Darstellungen fügte ich eine kurze Beschreibung ihrer Situation sowie ein Nachwort hinzu, aus dem der Leser erfahren kann, was seit der Beantwortung des Fragebogens geschehen ist.

Gefragt wurde:

1. Was in Ihrem Leben motivierte Sie dazu, eine Behandlung zu beginnen?
2. Was wußten Sie oder erfuhren Sie über den Mißbrauch in Ihrer Kindheit (die »Tatsachen«)?
3. Was wußten Sie oder erfuhren Sie über die Gefühle, die Sie in Ihrer Kindheit als Reaktion auf diesen Mißbrauch hätten haben müssen?
4. In welche symbolischen Kämpfe waren Sie verstrickt? Mit wem und wie kämpften Sie?
5. Was mußten Sie erfahren, um mit Kämpfen aufzuhören?
6. Wie war es für Sie, Ihre Kindheitsschmerzen zu fühlen?
7. Wie gelang es Ihnen, Ihren Schmerz in einen Zusammenhang mit Ihren Kindheitserfahrungen zu bringen?
8. Wie hat sich Ihr Leben verändert?
9. Was hat Ihnen dieser Prozeß gegeben?
10. Unter welchen Umständen sollten andere ihn auch durchlaufen? Warum?

Die hier dargestellten Antworten stammen von Klienten, die unterschiedlich lange in Therapie waren. Eine kurze Beschreibung ihres Hintergrunds erklärt dem Leser den Kontext der jeweiligen Berichte. Ein Nachwort verdeutlicht gegebenenfalls die derzeitige Situation. Die Namen und einige spezifische Kennzeichen wurden verändert, um Vertraulichkeit zu wahren.

ADELE

HINTERGRUND: Adele war Ende zwanzig, als sie eine Psychotherapie begann. Sie war schon seit mehreren Jahren von einem Mann geschieden, den sie unmittelbar nach der High School geheiratet hatte. Ihr Mann war Alkoholiker, und die Ehe hatte nicht lange gehalten. Adele hatte keine Kinder. Kurz nach der Scheidung zog sie in einen anderen Teil des Landes, und dort begann sie auch mit ihrer Therapie. Adele hatte keine besondere Ausbildung und verdiente ihren Lebensunterhalt zunächst mit Jobs in der Tourismusbranche. Später arbeitete sie in der Stadtverwaltung. Sie begann mit der Therapie, weil sie Hilfe in ihren Beziehungen zu Männern suchte. Adele hatte festgestellt, daß sie nach der Scheidung von ihrem Mann mit einer ganzen Reihe von Männern zu tun gehabt hatte, die zwar keine Alkoholiker, aber emotional ebenso verschlossen wie ihr Mann gewesen waren. Als Adele mit der Therapie begann, war sie angespannt, dünn und motorisch unruhig. Sie unterstrich fast jede ihrer Äußerungen mit einem schrillen, nervösen Lachen. Während der Therapiesitzung rutschte sie häufig auf ihrem Stuhl hin und her, wandte den Blick ständig etwas anderem zu und konnte sich nur kurz auf ihr Gegenüber konzentrieren. Adele hatte eine ältere Schwester und einen jüngeren Bruder, der Alkoholiker war. Beide Eltern tranken ebenfalls. Die Familie sorgte sich allerdings vorrangig um Adeles Bruder, da sein Alkoholkonsum völlig außer Kontrolle geraten war und er sowohl wegen physischer als auch wegen psychischer Probleme stationär behandelt werden mußte.

Adele war keine Alkoholikerin – tatsächlich mied sie Alkohol. Dennoch hatte sie innerlich das Gefühl, sich nicht »beherrschen« zu können, und das spiegelte sich auch in ihrem Äußeren und ihrem Verhalten. Sie meinte, ihre Probleme kämen daher, daß sie Männer nicht richtig einschätzen konnte, und sie suchte Hilfe, weil sie lernen wollte, »wie man eine funktionierende Partnerschaft aufbaut«. Als wir untersuchten, was sie in ihrer Kindheit erlebt hatte und wie diese Erfahrungen sie in der Gegenwart beeinflußten, stellte Adele fest, daß sie sich an kaum etwas aus ihrer Kindheit erinnerte.

Adeles Bericht

Als ich mit der Therapie begann, lebte ich in einer Beziehung, die ich verbessern wollte, was mir aber nicht gelang. Ich fühlte mich gefangen, wie eine Versagerin und ungeliebt.

Als wir meine Kindheitsgeschichte besprachen, wurde mir klar, daß mein Vater nie für mich da gewesen war – er war immer viel zu beschäftigt. Hin und wieder gab es ein kleines Lob für eine besondere Leistung, das aber regelmäßig von Kritik gefolgt war, wie ich es hätte besser machen können. Daran erinnerte ich mich immer, ebenso an die Tatsache, daß er und meine Mutter jeden Abend vor dem Essen und zum Essen Alkohol tranken. Viele seiner Bemerkungen mir gegenüber fielen in diesen Zeitraum. Meine Mutter schwieg. Sie schien sich nicht besonders für uns zu interessieren. Damals hatte ich den Eindruck, daß mein Vater sich mehr für uns interessierte als meine Mutter, weil er wenigstens hin und wieder mit uns sprach, auch wenn seine Kritik verletzend war. Ich begann außerdem wahrzunehmen, daß mein Vater sich mir gegenüber latent sexuell verhielt. Ich erinnere mich an sehr wenig Konkretes, doch bestimmte Blicke, Bemerkungen, Gesten und ein verstohlenes Lächeln sind mir im Gedächtnis geblieben. Das alles hatte einen sexuellen Unterton und gab mir ein sehr unbehagliches Gefühl.

Wenn ich mir überlege, wie ich mich als Kind hätte fühlen müssen, als man mich so behandelte, dann meine ich, ich hätte verletzt sein müssen, aber auch zornig auf ihn und auf meine Mutter, weil sie sich heraushielt. Verletzt hätte ich sein müssen, weil beide mich so wenig beachteten. Wenn ich doch ein wenig Aufmerksamkeit (von meinem Vater) bekam, dann äußerte sie sich in Kritik. Wahrscheinlich wäre es richtig gewesen, wenn ich wegen seines Verhaltens und ihrer mangelnden Zuwendung zornig und verletzt reagiert hätte.

Meine symbolischen Kämpfe focht ich mit Männern/Freunden aus, die ständig beschäftigt waren und anscheinend keine Zeit mit mir zusammen verbringen wollten. Ich hatte mehrere kurze Beziehungen zu Männern, die weit weg lebten oder die meiste Zeit unterwegs waren. (Interessant ist dabei, daß ich meine eigenen Freunde genauso behandle. Ich entziehe mich offenbar auch.)

Als ich anfing, die in der Therapie gelernten Prinzipien anzuwenden, stellte ich fest, daß ich viel kämpfe! Nachdem ich jetzt (was mir nicht leichtfällt) herausfinden kann, daß ich mit einem »alten« Gefühl kämpfe, kann ich Verletzungen auch eher akzeptieren und darüber trauern oder weinen. An diesen Punkt zu gelangen, erlebe ich jedesmal als eine große Welle der Erleichterung.

Als Kind fühle ich mich allein und isoliert, und ich habe den Eindruck, nichts recht machen zu können und eine Versagerin zu sein. Ich habe Angst und fühle mich ungeliebt. Wenn ich den alten Schmerz fühle, erscheint es mir besonders schlimm, daß ich immer meine, es könne niemals anders werden!

Mit Hilfe von anderen, die an denselben Problemen arbeiten, konnte ich vor allem in der Gruppentherapie lernen, meinen alten Schmerz zu fühlen und zu erkennen, in welchem Zusammenhang er mit meiner Kindheit steht. Als ich die Trauer über eine abgebrochene Beziehung empfand und sah, wie sinnlos es gewesen wäre, sie fortzusetzen, erkannte ich allmählich auch, wie sehr diese Situation den Situationen in meiner Kindheit glich, die von derselben Traurigkeit und Hoffnungslosigkeit geprägt waren.

Inzwischen bin ich soweit, daß ich »alte Schmerzen« erkenne und weiß, daß sie mir nicht mehr schaden können, auch wenn ich zulasse, daß ich sie als Teil meiner selbst empfinde. Ich kann schmerzliche Gefühle eher annehmen, weil ich weiß, daß sie vorübergehen und daß ich durch sie mehr über meine Kindheit erfahre.

Obwohl dieser Prozeß neu für mich ist, hat er mir ein Werkzeug an die Hand gegeben, mit dem ich in meinem Alltag ungesunde Situationen erkennen und besser für mich sorgen kann. Ich weiß jetzt auch, daß ich bestimmte Freunde um Hilfe bitten kann und daß ich nicht komisch oder mit meinen Gefühlen allein bin.

Wer es überdrüssig ist, in seinem Leben ständig zu kämpfen, kann mit diesem Prozeß viel gewinnen. Zwar deckt er alte Ängste und Schmerzen auf, doch er eröffnet auch einen neuen Blickwinkel auf das eigene Leben. Wir können – im Lauf der Zeit – alte Verhaltensmuster erkennen und uns dafür entscheiden, den Schmerz der dahinter verborgenen alten Realität zu fühlen, anstatt ihn auszuagieren. Wenn wir beschließen, nicht mehr aus unseren Kindheitsgefühlen heraus auf bestimmte Situationen zu reagieren, sondern die Gefühle anzunehmen, die durch diese Situationen ausgelöst werden, befreit uns das von überflüssigen Schmerzen und Ängsten.

Nachwort zu Adele: Nach mehreren Monaten Therapie befreite sich Adele aus der destruktiven Beziehung, in der sie sich gefangen gefühlt hatte, und zog in die nächstgelegene Stadt, in der sie einen College-Abschluß machen konnte. Sie war extrem ängstlich und hatte das Gefühl, es nicht schaffen zu können. Dennoch setzte sie den Therapieprozeß selbständig fort und wurde nur im Notfall telefonisch unterstützt. Oft hatte sie das Gefühl, nicht mehr weitermachen, ja sogar morgens nicht einmal aufstehen zu können, aber sie tat es trotzdem, und sie schaffte ihren Abschluß. Als sie in unsere Stadt zurückkehrte, fand sie eine qualifizierte Beschäftigung. An diesem Punkt nahm Adele die Therapie wieder auf, denn sie hatte inzwischen das Gefühl, daß sie sexuell mißbraucht worden war, daß die sexuellen »Untertöne«, an die sie sich zuvor schon bei ihrem Vater erinnert hatte, nur der Anfang einer tieferen Erkenntnis waren. Viele ihrer äußeren Symptome (Unruhe, Vermeiden von Augenkontakt) hatten nachgelassen, dafür traten Episoden der Bewußtseinsspaltung (in denen sie das Gefühl hatte, kein Leben mehr in ihrem Körper zu spüren) und nächtliche Panikattacken auf. Als sie anfing, diese Gefühle nicht mehr abzublocken, sondern sie zuzulassen, gelangten Erinnerungen an körperliche und sexuelle Mißbrauchserfahrungen an die Oberfläche. So schmerzhaft das auch sein mochte, so erleichtert war Adele festzustellen, daß viele ihrer seltsamen gegenwärtigen Erfahrungen plausible Abwehrreaktionen auf vergangene Mißbrauchssituationen darstellten. Adeles nervöses Lachen verschwand vollständig. Kurze Zeit nach ihrer Wiederaufnahme der Therapie lernte sie einen Mann kennen, und die beiden verliebten sich ineinander. Diese Beziehung bot Adele echte Nähe (etwas, das sie bis dahin unbewußt vermieden hatte), und es tauchten noch schmerzlichere Erinnerungen auf als zuvor. Da sie sich ihrem Partner gegenüber oft symbolisch verhielt, brauchte er Hilfe, um zu erkennen, was da geschah. Adeles Partner hatte in solchen Dingen keine Erfahrung. Dennoch traf er sich mit der Therapeutin, um das Problem zu besprechen, und war auch bereit, selbst eine Therapie zu beginnen, als er erkannte, daß es in seiner eigenen Kindheitsgeschichte schmerzliche Erfahrungen gab, die er verdrängt hatte. Nach einigen Monaten voller Höhen und Tiefen waren die beiden in der Lage, ihre Situation konstruktiv zu nutzen und ihre Liebe zueinander zu vertiefen. Inzwischen planen sie zu heiraten.

JACKIE

Hintergrund: Jackie ist Managerin in einem großen Unternehmen und Mitte Dreißig. Sie war nie verheiratet, lebt aber derzeit in einer Beziehung mit einem Mann, den sie gern hat, von dem sie aber weiß, daß er »nichts für lange« ist. Zu Beginn der Therapie hatte Jackie eine andere Beziehung, die sie aber nicht als ihr einziges Problem betrachtete. Jackie wirkt nach außen hin tatkräftig, kompetent und effizient, ob bei der Arbeit oder zu Hause, beschrieb sich selbst aber als »depressiv«. Sie sagte, sie habe mehrere Therapieversuche hinter sich, sei aber nicht so zufrieden, wie sie »sein sollte«. Trotz all ihrer Erfolge fühlte sie sich nie wirklich kompetent oder befriedigt. Seit mehreren Jahren arbeitet sie in der Therapie an ihrem Regressionsprozeß, und ihr eigener Bericht beschreibt ihre Situation sehr gut.

Jackies Bericht

Ich litt jahrelang – einmal weniger, einmal mehr – oder befand mich zumindest in einem emotionalen Chaos. Nach einer Therapie hatte ich es mit mehreren Selbsthilfemethoden versucht. Doch wie sehr ich mich auch bemühte, die Dinge in meinem Leben »richtig« zu machen – ich blieb immer hinter meinen Zielen zurück. Zwar gab es Zeiten, in denen ich mein Leben genoß, doch ich empfand ständig ein latentes Gefühl der Unzufriedenheit.

Ich hatte buchstäblich alles versucht, um mich besser zu fühlen – von der Therapie über Selbsthilfebücher, Gymnastik, Ernährung und Religion bis hin zu einer beruflichen Neuorientierung. Nichts funktionierte.

Als ich feststellte, wie sehr ich mich in meiner Beziehung symbolisch verhielt, und zuließ, daß ich die Unzufriedenheit spürte, die ich als Kind in mir getragen hatte, anstatt sie möglichst von mir zu weisen, erkannte ich, daß es das Bedürfnis meiner Mutter war, eine perfekte, zufriedene, enge, liebevolle Atmosphäre in der Familie zu schaffen. Aus diesem Grund verhielt ich mich wie ein zufriedenes Kind. Ich war nicht in der Lage, auch nur *irgendein* negatives Gefühl zu empfinden, sondern verdrängte sie alle. Das einzige negative Gefühl, an das ich mich erinnere, war Ärger, und heute weiß ich, daß dieser Ärger eine Fassade für den Schmerz war. Alle Kinder in unserer Familie beteiligten sich an der Aufrechterhaltung dieser Fassade, spielten ihre Rolle und glaubten, wir seien eine glückliche Familie. Heute weiß ich, daß das nicht stimmte.

Ich habe festgestellt, daß meine Schwester mehr bekam als ich. Ich hatte den Eindruck, daß sie mehr geliebt wurde als ich. Obwohl es meine Rolle war, stark und selbständig zu sein, war ich innerlich ganz anders. Ich war ein ängstliches, verletzbares Kind. Ich habe festgestellt, daß mein Eltern zwar das glücklichste Paar zu sein schienen, daß sie mir gegenüber aber unzugänglich oder nicht in der Lage waren, mich so zu lieben, wie ich wirklich war.

Ich habe festgestellt, daß ich nie das Gefühl hatte, so wie meine Geschwister zur Familie zu gehören und in sie eingebunden zu sein – sie schienen mehr zu bekommen als ich. Ich dachte, sie bekämen mehr Liebe, obwohl ich heute weiß, daß meine Eltern unfähig waren, irgendeinen von uns wirklich zu lieben. Ein Teil des Mißbrauchs war es, daß ich es »schaffen« wollte wie meine Geschwister (daß ich so »geliebt werden« wollte wie sie).

... Ich spielte die Rolle des Sündenbocks. In der Familie mochte man mich am wenigsten. Ich dachte, ich sei kein guter Mensch und sei es auch nicht wert, geliebt zu werden. Ich fühlte mich wie eine Versagerin.

Zu dem Mißbrauch gehörte auch, daß ich zur Pflegerin meiner Mutter wurde. Ich meinte, das sei eine Möglichkeit, Liebe zu bekommen. Ich fühlte mich in die Beziehung zu meiner Mutter verstrickt. Ich tat so, als brauche ich nichts und als könne man mich nicht verletzen. Ich dachte, sie fänden mich vielleicht liebenswürdiger, wenn ich nicht schutzbedürftig erschiene.

Mit der Regressionsarbeit habe ich mir zum erstenmal im Leben erlaubt, meine Gefühle zu empfinden, und ich kann nur darüber staunen, wie viele Gefühle wir über Jahre hinweg in unserem Körper speichern können, ohne etwas davon zu merken.

Alle Kindheitsgefühle, die ich nie ausgelebt habe, sind immer noch in mir, und um gesund zu werden, muß ich diese Gefühle jetzt als das erleben, was sie sind (nämlich als Kindheitsgefühle). Sie können extrem stark und überwältigend sein und scheinen sich oft auf aktuelle Ereignisse zu beziehen, aber ich habe die Erfahrung gemacht, daß dem nicht so ist.

Ich erlebe ein bestimmtes Gefühl auch nicht nur einmal, sondern ich muß es mehrmals durchleben, fühlen und erfahren, um es ganz zu verarbeiten. Das ganze Gefühl auf einmal zu erleben ist mir nicht möglich.

Ich setze diesen Gefühlen auch einen erheblichen Widerstand entgegen und habe viele Abwehrreaktionen entwickelt, um sie zu vermeiden. Ich wollte einfach nicht glauben, daß alle diese Schmerzen eigentlich aus meiner Kindheit stammen. Ich konnte nur schwer die Realität und Wahrheit über den Ursprung dieser Gefühle akzeptieren. Einige meiner Gefühle sind sehr spezifisch und intensiv, während andere, eher nebulöse Gefühle (Jean nennt sie »Hintergrundgefühle«) mich in meiner Kindheit Tag für Tag begleiteten, aber nicht, weil etwas Bestimmtes geschah, sondern einfach, weil die Dinge so waren, wie sie nun einmal waren.

Ich mußte lernen, ein Gefühl ganz aufzuarbeiten, denn oft erlebte ich es ein paarmal und meinte dann, ich müßte nun damit fertig sein.

Kontakt zu diesen Gefühlen bekam ich über alltägliche Ereignisse, die bestimmte Kindheitsgefühle in mir auslösten und sie an die Oberfläche holten. Einige der Gefühle, die in mir aufbrechen, sind so tief und heftig, daß ich jetzt weiß, warum sie verdrängt werden mußten. Sie können so stark sein, daß kein Kind sie hätte überleben können.

Die Kindheitsgefühle, die bei mir am häufigsten an die Oberfläche dringen, sind die folgenden:

Ich fühle mich einsam,
isoliert,
nicht gut genug, nicht so gut wie …,
bedürftig, sehnsüchtig, schutzbedürftig,
nicht anerkannt,
unglücklich, traurig,

verletzlich, verletzt.
Ich weiß, daß etwas fehlt, daß etwas falsch ist.
Ich fühle mich ungeliebt, unerwünscht.
Ich fühle mich als Versagerin.
Ich habe das Gefühl, es nicht zu schaffen, fühle mich übergangen.
Ich fühle mich leer.
Ich fühle mich elend.
Ich habe das Gefühl, nicht dazuzugehören, habe keinen Zugang zu den anderen.
Andere bekommen mehr.
Ich habe Angst.

Was das Symbolisieren angeht, würde ich wohl den ersten Preis bekommen, wenn es einen gäbe. In meinem Erwachsenenleben habe ich unablässig symbolisiert. Sobald ein Kindheitsgefühl in mir aufstieg, übertrug ich es symbolisch auf jede Situation, die sich an dem jeweiligen Tag dafür eignete. Ich brauchte ziemlich lange, um zu erkennen, daß mein Gefühl eigentlich aus der Kindheit stammte, denn es erschien mir immer so real und so genau auf den jeweiligen Tag zu passen. Häufig symbolisierte ich in der Beziehung zu meinem Freund. Er weckte oft das Gefühl in mir, daß sich jemand, den ich liebte, entzog, daß ich ungeliebt und unerwünscht war. Ich kämpfte mit meinem Gewicht, weil ich dachte, das sei mein Problem. Ich kämpfte auch mit meinem Unbehagen und meinem elenden Gefühl, weil ich meinte, das Problem sei mein Job, mein Freund, die Stadt, in der ich lebte usw. Ich kämpfte mit fast allem, mit dem ich zu tun hatte. Außerdem kämpfte (symbolisierte) ich mit meinen Freunden und Arbeitskollegen. Da ich als Kind beispielsweise das Gefühl hatte, nicht dazuzugehören, meinte ich, bei meinen Kollegen nicht dazuzugehören.

Obwohl ich meine Gefühle also symbolisch auf alles mögliche übertrug, zog sich als roter Faden durch mein Denken, daß diese Gefühle mit meiner Gegenwart und nicht mit meiner Kindheit zu tun hatten. Auch wenn ich mich noch so sehr bemühte und es eigentlich besser wußte, mußte ich manchmal einfach kämpfen. Es war, als könne mein Körper die Information einfach noch nicht zulassen. Wenn ich dann mit meiner Therapeutin oder mit Freunden sprach, die in derselben Weise an sich arbeiteten, kam ich wieder auf die richtige Spur.

Ich vergeudete viel Kraft durch mein Kämpfen, das selbst sehr schmerzlich für mich war. Diese Schmerzen waren überflüssig. Der einzige Schmerz, den ich hätte fühlen sollen, war der aus meiner Kindheit. Als ich schließlich meinen Gefühlen nachgab und die Wahrheit akzeptierte, konnte ich aufhören zu kämpfen. ... Das Ganze ist ein langer Prozeß. Ich kämpfe umso weniger, je mehr ich bereit bin, die Illusionen über meine Kindheit aufzugeben.

Meine Kindheitsschmerzen zu fühlen ist eine Erfahrung mit zwei Seiten. Da sind einerseits die stärksten Schmerzen und die tiefste Verzweiflung, die ich jemals empfand. Andererseits ist es das schönste Gefühl, Zugang zu meinem wahren Selbst zu bekommen und frei zu sein.

Ich brauchte eine Weile, um wirklich fühlen zu lernen. Zuerst versuchte ich, über meinen Kopf Kontakt zu meinen Gefühlen aufzunehmen. Ich war von meinen Gefühlen abgeschnitten und wußte nicht, daß sie sich tatsächlich körperlich äußern, bis ich dann schließlich anfing, sie sowohl emotional als auch körperlich wahrzunehmen. Manchmal äußert sich der Schmerz als Schluchzen und Weinen. Er kommt dann von tief innen, erscheint mir fremd und ist der eines kleinen Kindes. Ein andermal fühle ich den Schmerz einfach in meinem Körper und arbeite dabei weiter oder erledige meine alltäglichen Besorgungen.

Es gelang mir auch erst im Lauf der Zeit, meinen Schmerz mit meiner Kindheit zusammenzubringen. Zuerst suchte ich nach einem wirklich engen Zusammenhang, den ich möglichst sofort entdecken wollte, und das hinderte mich daran, meine Gefühle wahrzunehmen.

Am Anfang versuchte ich, mich an etwas zu erinnern, doch oft gab es keine direkten Erinnerungen, nur Empfindungen und Gefühle dazu, wie es gewesen war. Dann lernte ich, daß die Dinge, die ich zu Symbolen machte, etwas mit meinen Kindheitsgefühlen zu tun hatten, und so nutzte ich meine Alltagserfahrungen, um immer dann Kontakt zu meiner Kindheit aufzunehmen, wenn diese Gefühle in mir ausgelöst wurden. Ich stellte bald fest, daß die meisten Dinge, die mich verletzen, im Zusammenhang mit meiner Kindheit stehen, und es gelang mir, einfach dem vorhandenen Gefühl nachzuspüren.

Mein Leben verändert sich immer noch, da ich erst in den letzten Monaten an dieser Entwicklung arbeite und akzeptiert habe, daß meine ganze Unzufriedenheit – all die Gefühle, die ich aufgelistet habe – in Wirklichkeit daher kommt, wie meine Kindheit war.

Mein Leben hat sich insofern verändert, als ich nicht mehr depressiv bin. Ich empfinde jetzt zwar Schmerzen, doch sie sind viel spezifischer als das allgemeine Gefühl der Depression. Ich merke, daß ich jetzt vieles tue, weil ich mich wirklich dafür entschieden habe, während ich früher immer von meinen Kindheitsbedürfnissen angetrieben war. Ich fühle mich eher wie ich selbst und habe einen besseren Zugang zu meinen Gefühlen. Ich kämpfe nicht mehr mit allem und jedem. Zum erstenmal in meinem Leben weiß ich, wie man fühlt.

Wenn ich nicht in meiner Kindheit bin, fühle ich mich innerlich einfach zufrieden und gut. Ich wußte gar nie, daß ich mich so fühlen kann. Ich habe meinen Seelenfrieden gefunden. Das Leben ist schön. Nichts ist mehr anstrengend.

Nachwort zu Jackie: Jackie spürt dem Weg zu ihrer Kindheitsrealität weiter nach. Ihre wichtigste Abwehr ist der Wunsch zu glauben, daß das von ihrer Familie entworfene Bild wahr ist, und daß sie eines Tages durch finanzielle, berufliche oder persönliche Erfolge bekommen kann, »was jeder hat«. Inzwischen gelingt es ihr aber immer besser, ihre alte Hoffnungslosigkeit zu akzeptieren, und sie ist nicht mehr ständig damit beschäftigt, sich zu erproben. Die Augenblicke, von denen sie sagt, sie sei »nicht in der Kindheit«, sind immer häufiger.

RAMONA

Hintergrund: Als Ramona die Therapie aufnahm, war sie Mitte Fünfzig, verheiratet und Mutter zweier erwachsener Töchter. Die große und kräftige Frau wirkte von der Körperhaltung her etwas linkisch und hatte kurzes, lockiges, gefärbtes Haar. Sie war Geschäftsführerin eines kleinen Graphikdesign-Studios, ihr Mann war selbständiger Unternehmer. Für beide war es die erste Ehe, und sie waren schon mehr als dreißig Jahre zusammen. Obwohl Ramona in außergewöhnlichen Lebenssituationen auch schon eine Beratung aufgesucht hatte, hatte sie nie zuvor eine längere Psychotherapie gemacht. In kurzen Workshops zur persönlichen Weiterentwicklung hatte sie festgestellt, daß eine »aufdeckende« Therapie ihr helfen könnte zu entdecken, wie ihre Vergangenheit sie beeinflußte, denn sie hatte sich nie richtig wohl gefühlt. Sie neigte dazu, den Wert ihrer Arbeit in Frage zu stellen, fühlte sich durch ihren Chef und ihre Angestellte eingeschüchtert, wurde immer wieder von einer unerklärlichen Traurigkeit befallen und ärgerte sich oft völlig unsinnig über ihren Partner. Sie neigte dazu, in die Lebensentscheidungen ihrer Töchter einzugreifen, und eine der beiden war sehr von ihr abhängig. Ihre Kindheitsfamilie bestand aus einer psychotischen Mutter, einem alkoholabhängigen Vater, drei Töchtern und einem Sohn, der das älteste der Kinder war. Die Familie war arm, und ihr Haus war klein; die Kinder mußten im Wohnzimmer schlafen. Ihr Leben drehte sich um die Gesundheit der Mutter (die immer wieder Anfälle hatte) und die Reizbarkeit des Vaters (der zu verbalem Mißbrauch neigte). Der Bruder war das Lieblingskind der Eltern. Die Mädchen mußten sich verhalten, als seien sie unsichtbar, und beide Eltern machten sie verantwortlich, wenn es der Mutter schlecht ging.

Ramonas Bericht

Als ich mit meiner Therapie begann, war mein Leben voller Spannungen. Ich ärgerte mich ständig und gab meinem Mann die Schuld an meiner Unzufriedenheit. Meine Reaktion darauf waren – vor allem sexuelle – Phantasien. Ich fühlte mich immer wieder von einem Mann in meinem Leben angezogen, der mich in meiner Vorstellung von meinen Leiden erlöste. Von meinem eigenen Mann dachte ich, er mißbrauche mich emotional. Mit dieser Ausrede begab ich mich immer wieder in Situationen, in denen ich eine Affäre hatte oder gefährlich nahe daran war. Ich heiratete, weil ich schwanger war. Da ich mich so lange in meinem Leben um meine unter Platzangst leidende Mutter hatte kümmern müssen, widerstrebte es mir, mich um ein Kind zu kümmern. Ich weiß noch, wie ich dachte: »Und wann kümmert sich jemand um mich?« Ich hatte keine Vorbilder für die richtige Erziehung unserer Kinder, und so verließ ich mich auch dann darauf, daß mein Mann die richtigen Entscheidungen traf, wenn ich intuitiv wußte, daß sie falsch waren. Ich hatte ein geringes Selbstwertgefühl, empfand in meiner Ehe eine große Distanz und Einsamkeit und hatte das Gefühl, meine Kinder zu kontrollieren. Mein Mann und ich stritten jedesmal, wenn wir mehr als ein paar Kilometer weit zusammen unterwegs waren. In meiner Kindheit hatte meine Mutter nie das Haus verlassen. Ich dachte oft in meinem Leben, ich sei verrückt oder ich würde es, weil meine Mutter zwei ernsthafte Nervenzusammenbrüche gehabt hatte. Mehrmals im Jahr litt ich unter Phasen der Schlaflosigkeit, in denen ich nicht schlafen konnte, weil ich eine so unerklärliche Angst hatte. Ich weiß noch, wie ich zu meinem erstaunten Mann sagte: »O Gott, ich habe solche Angst.« Ich fühlte mich im Vergleich zu dem Leben, das ich bei anderen wahrnahm, andersartig und abgetrennt, und ich litt unter einer extremen Verlustangst. Sobald mein Mann oder meine Kinder irgendwo hingingen, wo ich sie nicht mehr unmittelbar kontrollieren konnte, fühlte ich mich zwanghaft verunsichert und ängstlich.

Durch den Therapieprozeß ist mir bewußtgeworden, daß mein Vater ein überkritischer Alkoholiker war, der etwa von meinem zehnten Lebensjahr an vor allem meine Mutter verbal mißbrauchte. Meine Mutter hatte ein geringes Selbstwertgefühl, reagierte sehr empfindlich auf Kritik und litt unter einer extremen Platzangst und unter Panikattacken. Wenn wir Kinder anderer Meinung waren als sie, fiel sie oft hin und hatte einen ihrer »Anfälle« oder stürmte ins Schlafzimmer, um oft zwei oder drei Tage lang nicht mehr aufzutauchen. In dieser Zeit brachte mein Vater ihr die Mahlzeiten. Über das Trinken meines Vaters wurde nie gesprochen, obwohl meine Mutter manchmal in einem Wutanfall seinen Wein die Spüle hinunterschüttete. Ich idealisierte meinen Vater und glaubte schließlich, wir hätten eine enge Beziehung zueinander, weil wir über Politik und Bücher diskutierten. Heute weiß ich, daß es eine sehr auf Worte beschränkte Beziehung war, in der ich glaubte, wenn ich ihn intellektuell überzeugen könnte, würde ich die Zuneigung bekommen, die ich brauchte. Wenn mein Vater nicht zur Arbeit ging oder betrunken Auto fuhr, verstärkte meine Mutter unsere Angst und Unsicherheit, indem sie uns daran erinnerte, wie wenig Geld wir hatten, und ruhelos in der Wohnung auf und ab ging, bis unser Vater nach Hause kam. Meine Schwestern wurden weitgehend ignoriert. Meine Mutter war vernarrt in meinen Bruder, was zwischen meinen Eltern zu endlosen Auseinandersetzungen führte. Wir Geschwister stritten unentwegt miteinander. Der Vater meiner Mutter war als Alkoholiker gestorben, und ihre Mutter war »hysterisch und ständig am Schreien«. Meine Mutter kam, als sie noch nicht fünf war, in ein Waisenhaus und wurde später von einer älteren Schwester aufgezogen. Der Vater meines Vaters war ein schwerer Trinker und ein harter, überkritischer Mann.

Ich konnte das, was ich wirklich wegen der Situation bei uns zu Hause empfand, nicht zum Ausdruck bringen. Mein Zorn, meine Angst und meine Einsamkeit erhielten keine Stimme. Ich fürchtete die Anfälle meiner Mutter und die Kritik meines Vaters und verlor aufgrund all der Ablehnung das Vertrauen in mich selbst. Ich wollte berührt und in den Arm genommen werden, aber das kam kaum einmal vor. All das verschloß ich in mir, so daß ich mich schließlich fühlte wie ein Vulkan kurz vor dem Ausbruch. Da ich nicht die Möglichkeit hatte, meine Gefühle an der Realität zu überprüfen, glaubte ich irgendwie, ein schlechter Mensch und für die Familientragödie verantwortlich zu sein.

Mit meinem Mann und einer Angestellten verstricke ich mich ständig in symbolische Kämpfe. Ich habe meinen Mann immer für die Spannungen in unserer Beziehung verantwortlich gemacht (obwohl ich insgeheim dachte, ich sei an allem schuld, weil ich ein so schlechter Mensch sei). Mein Mann ist in vielerlei Hinsicht anders als mein Vater, gleicht ihm aber in einigen symbolisch wichtigen Aspekten. Er ist manchmal ziemlich freimütig und beleidigend für andere. Er kann dominierend und autoritär sein. Er liest ständig irgendein Buch und ignoriert mich in dieser Zeit. Er ignoriert meine Gefühle und scheint wegen jeder kleinsten Bemerkung eine argumentative Auseinandersetzung vom Zaun brechen zu wollen. Darauf reagiere ich, indem ich meine Gefühle schlucke, ihm unentwegt Vorwürfe mache und geistig wie räumlich einen sehr großen Abstand zu ihm halte. Meine Angestellte gleicht sehr meiner Mutter. Sie hat in vielem ein geringes Selbstwertgefühl, und sie fühlt sich leicht verletzt. Wenn ich ihr etwas entgegenhalte, droht sie, aus dem Büro zu laufen (und hat es auch schon getan). Ich reagiere darauf, indem ich um sie herumschleiche und es möglichst vermeide, anderer Meinung zu sein. Sie tratscht gern und will alles über mich wissen. Sie hört mir bei meinen Telefongesprächen zu. Meine Mutter verletzte meine Grenzen, indem sie mir bei meinen Telefongesprächen zuhörte und herumschnüffelte, wenn ich irgend etwas allein tat. Deshalb bin ich meiner Angestellten gegenüber inzwischen ziemlich verschlossen. Da sie mir das Gefühl gibt, keine Luft mehr zu bekommen, schaffe ich eine sehr große räumliche und geistige Distanz zwischen uns. Mein Mann hat zwei Freunde, die ich verachte (sie trinken, seitdem sie erwachsen sind), denn sie erinnern mich an meinen Vater. Ich habe eine Reihe von Freundinnen, mit denen ich dieselben Abgrenzungsprobleme wie mit meiner Mutter/Angestellten habe.

Um mit dem Kämpfen aufhören zu können, muß ich die Kämpfe zunächst als das erkennen, was sie sind. Dann muß ich immer wieder üben zu erkennnen, wann ich in einen symbolischen Kampf verstrickt bin: »Halt, das ist ein Kindheitsgefühl«, muß ich mir dann sagen, »diese Situation erfordert keine solche Reaktion.« Daraufhin lasse ich zu, daß ich die Empfindungen in meinem Körper spüre und in diesem Augenblick bei ihnen bleibe. Ich muß mich zwingen, Dinge zu meinem Mann zu sagen, die ich früher nicht zu sagen gewagt hätte, weil ich glaubte, er würde mich anschreien oder, schlimmer noch, mich verlassen. Ich muß Dinge zu meiner Angestellten sagen, die zu sagen ich immer vermieden hatte, weil ich befürchtete, daß sie (wie meine Mutter) einen Anfall haben oder aus dem Zimmer laufen würde. Ich muß um meine verlorene Kindheit trauern und weine zuweilen so viel, daß ich mich auch schon gefragt habe, ob diese Therapie nicht schädlich ist. Doch bis jetzt hat mir das Ergebnis gutgetan.

Wenn ich mich mit meinen symbolischen Kämpfen auseinandersetze, bin ich manchmal überwältigt von starken Gefühlen wie Angst, Ekel und Verwirrung, aber anschließend fühle ich mich viel stärker und besser. Es fühlt sich an, als würde ich daran sterben und es dann überleben und ein umso besseres Leben daraus gewinnen. Ich fürchte mich davor, mit meinem Mann zu sprechen, wenn ich denke, er könnte zornig reagieren oder mich verlassen. Genauso ergeht es mir, wenn ich meine Angestellte mit etwas konfrontiere, obwohl ich denke, sie könnte aus dem Zimmer laufen oder einen Anfall bekommen. Und doch tue ich es.

Ich habe meinen Schmerz mit meiner Kindheit in Zusammenhang bringen können, indem ich mich nach und nach an bestimmte Vorfälle erinnerte, die mir dasselbe Gefühl gaben, das ich auch in bestimmten Situationen mit meinem Mann oder meiner Angestellten habe. Ich fühlte mich erschreckt und unsicher, wenn meine Mutter in der Wohnung auf und ab ging und darauf wartete, daß mein Vater von seinen nächtlichen Touren mit dem Auto zurückkam. Und wenn er uns nun für immer verlassen hatte? Ich fühlte mich zornig, wenn er meine Freunde mit seinen betrunkenen Angebereien beleidigte. Ich fühlte mich von Angst überwältigt, wenn sich meine Mutter während einer ihrer Anfälle auf dem Boden hin- und herwarf. Ich fühlte mich in einem Haus, das eigentlich nur ein Schlafzimmer hatte und in dem wir Kinder im Wohnzimmer schliefen, von der ständigen Gegenwart meiner Mutter und der Unmöglichkeit, sich zurückzuziehen, erstickt. Da ich in familiären Auseinandersetzungen normalerweise für meinen Vater Partei ergriff, gab mir die Verletzlichkeit meiner Mutter das Gefühl, ich sei ein schlechter Mensch.

Die folgenden Beispiele beschreiben Situationen, die in letzter Zeit für mich symbolisch waren:

- Mein Mann wollte kürzlich abends ins Kino gehen, aber ich sagte, ich wolle den Film nicht sehen. Daraufhin beschloß er, allein zu gehen. Zuerst fühlte ich mich alleingelassen, so daß ich fast doch mit ihm ging, um den Verlust nicht fühlen zu müssen. Statt dessen blieb ich zu Hause und blieb einfach bei meinen Gefühlen.

- Ich mußte einer alten Freundin gegenüber ziemlich deutlich werden. Als sie mich daraufhin ein paar Wochen lang nicht anrief, wollte ich sie anrufen, um mich zu vergewissern, daß sie mich noch mochte. Statt dessen ließ ich das Gefühl zu, daß ich ein schlechter Mensch sei und daß ich gemocht werden wollte, und rief sie erst an, als diese Gefühle vorbei waren.

- Heute konnte ich der neuen Mitarbeiterin nicht begreiflich machen, wie sie ein Bild in den neuen Terminplaner einpassen sollte. Als ich merkte, wie wütend mich das machte, wurde mir klar, daß es sich um alte Gefühle darüber handelte, daß ich nicht zu meinen Eltern durchdringen konnte. Bei diesem Gefühl mußte ich den ganzen Tag lang bleiben, bis ich abends schließlich wieder in meinen erwachsenen Bewußtseinszustand zurückkehrte.

- Eine Freundin sagte, sie würde gegen ein Uhr anrufen, um sich mit mir für einen Spaziergang zu verabreden. Gegen zwei Uhr dachte ich, sie traue sich entweder nicht, mich anzurufen und doch abzusagen, oder aber ich sei ihr nicht wichtig. Warum sollte sie dann auch anrufen? Daraufhin ging ich allein spazieren. Als ich zurückkam, rief ich sie an, erzählte ihr, was passiert war, und sagte ihr, das habe einige alte Gefühle in mir wiederaufgerührt. Außerdem fragte ich sie, ob sie sich nicht getraut habe anzurufen. Sie sagte, sie sei in der Stadt aufgehalten worden und habe mich gegen zwei Uhr angerufen, aber da sei ich schon weg gewesen. Sie versicherte mir, daß sie mir Bescheid gesagt hätte, wenn sie es sich anders überlegt hätte, und bedankte sich, daß ich mit ihr darüber gesprochen hatte. Ich wußte, daß ich andernfalls den Groll lange mit mir herumgetragen hätte und die Beziehung beeinträchtigt gewesen wäre.

- Eine Freundin aus Portland rief mich an und fühlte sich wie üblich mies. Sie brachte nichts Künstlerisches hervor. Sie war fett. Sie war im Rückstand mit einer Wandmalerei, die bei ihr in Auftrag gegeben worden war. Sie hatte zu viel Geld ausgegeben. Sie trieb überhaupt keinen Sport mehr. Sie nahm zu viele Aufträge auf einmal an – die übliche Litanei. Ich mag diese Freundin und halte sie für sehr begabt, aber ich habe nicht mehr das Gefühl, ich müsse die Retterin meiner Freunde oder meiner Kinder sein. Ich hörte also einfach zu und wendete die Techniken an, die wir in der Therapiegruppe einsetzen, um jemanden wissen zu lassen, daß er uns nicht gleichgültig ist. Ich unterließ es jedoch, mich auf ihre Probleme zu stürzen, um sie zu lösen.

- Meine Angestellte stellte mir Fragen zu einem ziemlich vertraulichen Thema, das mit der öffentlichen Funktion meines Mannes zu tun hatte. Als ich ihre Fragen beantwortete, bemerkte ich, wie unbehaglich ich mich dabei fühlte. In diesem Augenblick läutete das Telefon, und ich ging, um etwas in der Druckerei zu erledigen. Als ich dort war, wurde mir klar, daß ich meiner Angestellten eigentlich sagen wollte, ich wolle jetzt nicht über das Thema reden, würde aber gern später noch einmal darauf zurückkommen, wenn sie noch Fragen habe. Wir waren alle sehr beschäftigt, und sie fragte mich nicht mehr, ich kam aber von mir aus auch nicht mehr darauf zurück. Früher hätte ich ihr Gelegenheit gegeben, das Thema erneut anzusprechen, damit sie mich mögen und schätzen würde.

Mein Leben hat sich zunächst insofern geändert, als ich weniger Spannung, Ärger und Depressionen erlebe. Mit dem Schlafen habe ich selten Probleme. Ich fühle mich den Menschen näher, eher wie jemand, der in sein soziales Umfeld eingebunden ist und es nicht mehr nur von außen betrachtet. Ich habe seltener das Gefühl, wie eine Sechsjährige zu sein, die mit Erwachsenen spricht und nicht weiß, was sie sagen soll. Ich verlasse mich mehr auf meine Intuition und treffe bessere Entscheidungen für mich selbst. Meine jüngere Tochter (dreiundzwanzig Jahre) und ich sind jetzt, nachdem ihre Kindheit voller Streit und Ärger war, enge Freundinnen geworden. Ich habe aufgehört, mich zur Retterin meiner älteren Tochter (fünfundzwanzig Jahre) zu machen, und es entwickelt sich allmählich eine aufrichtigere, vertrauensvollere und liebevollere Beziehung zwischen uns. In etwa achtzig Prozent der Fälle kann ich aufhören, mit meinem Mann zu kämpfen, wenn ich erkenne, daß wir in eine argumentative Auseinandersetzung darüber hineinsteuern, »wer recht hat«. Unsere

Beziehung verbessert sich, obwohl ich mich immer noch hin und wieder in Vorwürfe verstricke. Ich kann öfter über meine Kindheitsängste hinausgehen und die Dinge sagen und tun, die ich sagen und tun will.

Dieser Prozeß, den ich ergänzt habe durch eine Vipassana-Meditationsübung, hat mir einen größeren inneren Raum verschafft, als ich mir jemals für mein Leben hätte vorstellen können. Ich weiß jetzt, daß ich nicht für meine Familiengeschichte verantwortlich bin, und fange an zu glauben, daß ich ein guter Mensch bin, dem gute Dinge geschehen können.

Ich halte die Methode der Regressionsarbeit für gut, weil keine Medikamente erforderlich sind, weil sie keine sofortige Erleichterung verspricht und weil sie nicht behauptet, man könne seine Kindheitsbedürfnisse jetzt noch befriedigen. Sie stellt ein Werkzeug zur Verfügung, das man sein ganzes Leben lang anwenden kann, vor allem auch dann, wenn man die Sicherheit der Therapie hinter sich gelassen hat. Noch wichtiger erscheint mir, daß jeder ganz normale Mensch diese Methode leicht verstehen kann und daß sie einen nicht durch einen übertriebenen Psychologen-Jargon verwirrt oder in die Abhängigkeit von einem Therapeuten-Guru führt. Mit dem, was ich heute (aus Erfahrung) weiß, glaube ich nicht, daß jemand mit einer ähnlichen Geschichte wie ich deutliche Fortschritte machen kann, ohne seine Kindheit, selbst wenn sie noch so schmerzlich war, zu verstehen.

NACHWORT ZU RAMONA: Ramona wendet den Prozeß der Regression weiterhin in ihrem Leben selbständig an und kommt nur noch zu einer gelegentlichen Therapiesitzung. Als Ergebnis der Therapie war sie in der Lage, die vermeintliche finanzielle Sicherheit ihrer Arbeitsstelle aufzugeben (ihr Mann kann notfalls für ihren Unterhalt sorgen) und sich als Designerin selbständig zu machen – was schon immer ihr

Traum war. Dazu mußte sie nicht nur bereit sein, sich finanziell von ihrem Mann abhängig zu machen und ihre symbolische Überzeugung aufzugeben, daß er dazu nicht zur Verfügung stehe, sondern sie mußte auch aufhören, ihre empfindliche Angestellte ständig beschwichtigen zu wollen. Wie ihr Bericht zeigt, hat sich ihr Leben in vielen Aspekten verändert.

DANA

Hintergrund: Dana war Mitte Dreißig, als sie es mit dieser Therapiemethode versuchte, und hatte schon mehrere Monate Therapie hinter sich, als sie diesen Fragebogen beantwortete. Obwohl sie einen College-Abschluß hat, arbeitete sie im Sommer als Reiseführerin und im Winter als Landschaftsgärtnerin, um in unserem Urlaubsort in den Bergen leben zu können. Danas Vater war Alkoholiker. Ihre Mutter ermöglichte ihm das Trinken und bot den Kindern keinen Schutz vor seinem verbalen, körperlichen und sexuellen Mißbrauch. Dana war mehrere Monate lang in einer Gruppe der Anonymen Alkoholiker und in einer Selbsthilfe-Gruppe gewesen, hatte aber nicht den Eindruck, daß diese Gruppen ihr halfen, eine wesentliche Veränderung zu erreichen. Sie war übergewichtig und – ebenso wie über viele andere Dinge in ihrem Leben – unglücklich darüber. Sie war sehr stark verbal orientiert und konnte sich mühelos ausdrücken, neigte aber dazu, sich auf Kleinigkeiten zu konzentrieren, die andere Leute während der Woche getan hatten und die sie ärgerten, wobei sie sich fast immer in einer Position wiederfand, in der sie das hilflose Opfer war. Wenn Dana von solchen Vorfällen berichtete, erzählte sie meist, es sei ihr etwas »Komisches« passiert, über das sie selbst lachte.

Danas Bericht

Ich wollte aus mehreren Gründen eine Psychotherapie beginnen. Ich hatte ein geringes Selbstwertgefühl. Ich hielt mich nicht für gut genug. Ich ärgerte mich leicht, und die anderen kamen schwer mit mir zurecht. Ich war sehr weinerlich. Meine Finanzen waren eine Katastrophe. Es fiel mir schwer, für mich zu sorgen und meine Rechnungen zu bezahlen. Ich stieß meine Freunde durch meinen Sarkasmus und mein zorniges Auftreten ab. Ich ging zu den Treffen der Anonymen Alkoholiker und haßte und verurteilte viele der Männer dort. Ich hatte ungesunde Beziehungen zu Männern, die emotional verschlossen waren und meine schlechten Gefühle mir selbst gegenüber verstärkten. In der Regel waren sie Alkoholiker und sexuell inaktiv. Ich hatte keine Lust mehr, zu den Selbsthilfe-Gruppen zu gehen und nicht weiterzukommen. Ich war auch in vielen Einzel- und Gruppentherapien und hatte immer noch den Eindruck, mit meinen Problemen nicht weitergekommen zu sein.

Zu Beginn meiner Therapie hatte ich fast keine Erinnerungen. Inzwischen erinnere ich mich an ein Gesamtbild und erkenne so viel: Mein Vater schlug verbal massiv auf mich ein. Er lud seinen Zorn und seine ganze Weltanschauung auf mir ab. Emotional reagierte er übermäßig auf mich. Er trank und verhielt sich dann immer völlig inkonsequent. Er schrie viel herum und führte großspurige Reden. Am Eßtisch war mein Vater streitsüchtig und machte die Mahlzeiten zur Hölle. Meine Mutter setzte sich meinem Vater gegenüber nie für mich ein. Sie ließ auch zu, daß er mich prügelte, sich erbarmungslos über mich lustig machte und mich herabsetzte. Ich bin außerdem ganz sicher, daß er mich sexuell mißbrauchte, da ich die meisten Symptome eines sexuell mißbrauchten Menschen habe. Zur Zeit sind meine Erinnerungen daran noch ganz vage. Bewußt wurde mir auch, daß mein Vater sämtliche Entscheidungen traf und keinem in der Familie irgendeine Wahl ließ.

Durch die Therapie habe ich inzwischen erkannt, daß ich niemandem so wichtig war, daß er mir geholfen hätte. Niemand liebte mich. Ich hatte das Gefühl: »Wie konnte ich ihnen nur so gleichgültig sein?« Und: »Wie konnten sie so etwas tun?« Ich fühlte mich einsam und allein, ohne Hoffnung und verängstigt. Ich hatte das Gefühl: »Wie unfair!« Und ich hätte es am besten gefunden, wenn ich endlos lange hätte weinen können.

Jetzt sehe ich, daß ich in meinem Leben ähnliche Umstände geschaffen habe – Beziehungen zu Menschen, die mich behandeln, als sei ich ihnen gleichgültig, Beziehungen, die mich wieder fühlen lassen, wie ungerecht das alles war und wie einsam, hoffnungslos und ungeliebt ich mich fühlte. Ich schaffe mir solche Symbole sowohl an meinem Arbeitsplatz als auch in meinen persönlichen Beziehungen. Bei der Arbeit suche ich mir unglaublich ungerechte Chefs aus, die oft Unmögliches von mir verlangen, und ich will dann, daß sie Rücksicht auf mich nehmen und mich fair, vernünftig und freundlich behandeln. In meinen Beziehungen suche ich mir emotional verschlossene und sexuell inaktive Männer aus und kämpfe dann darum, ein liebes Mädchen zu sein, damit sie mich lieben. Für solche Männer bin ich nie gut genug. Bei meinen Mitbewohnern und Freunden suche ich mir Menschen aus, zu denen ich keine engen Beziehungen habe und bei denen ich das Gefühl habe, ich müsse mich vor ihnen schützen. Sie halten sich nicht an einmal gefaßte Pläne. Sie sagen das eine und tun das andere. Ich habe auch keine Wohnung, in der ich mich sicher fühlen kann. (Ich habe nicht genug Geld, um mir allein eine anständige Wohnung zu leisten, deshalb brauche ich immer Mitbewohner. Im Sommer, wenn ich Reiseleiterin bei Reiterferien bin, muß ich meine Unterkunft mit Menschen teilen, die ich kaum kenne und die ziemlich viel trinken).

Um mit dem Kämpfen aufhören zu können, halte ich mich an die Tatsachen, die ich vorfinde, ich achte auf »Schlüsselaussagen« und bewerte meinen Zorn als Hinweis. Ich weiß, daß, wenn ich mich ärgere, ich normalerweise auf einer tieferen Ebene verletzt bin und mit jemandem kämpfe. Sobald mich die entsprechenden Auslöser zum Kämpfen bereitmachen, wiederhole ich so lange: »Das ist alt«, bis ich es glaube und die alte Kindheitswahrheit mit dem Gefühl in Zusammenhang bringe, das mich in der gegenwärtigen Situation reagieren läßt. Dann empfinde ich die alten Gefühle und Schmerzen. Danach kann ich die Person oder Situation, mit der ich kämpfe, in der aktuellen Situation richtig einschätzen. Ich versuche auch, mich von Menschen, Orten und Dingen zu lösen, die nicht zu einem gesünderen Leben passen.

Der Schmerz aus meiner Kindheit fühlt sich wie damals an, wenn ich ihn damals hätte zulassen können. Für mich ist wichtig, daß ich mir einen sicheren Ort schaffe, an dem ich meine Gefühle haben und zum Ausdruck bringen kann, denn genau das hatte ich damals nicht. Diese Gefühle zuzulassen ist erschreckend und mit einer großen körperlichen wie emotionalen Anstrengung verbunden. Ich habe für mich festgestellt, daß ich die ungefühlten Gefühle in unterschiedlichen Teilen meines Körpers aufbewahre. Wenn ich die Schmerzen dann erlebe, spüre ich, wie Energie durch meinen Körper strömt, d.h. ein Kribbeln in den Beinen, ein Zittern in den Seiten usw. Einmal empfand ich so heftige Schmerzen, daß sich meine Kopfhaut durch die Energie, die durch meine Schädeldecke freigesetzt wurde, drei Tage lang anfühlte, als hätte ich Prellungen.

Ich lernte unter anderem, mein Weinen nicht mehr dadurch abzubrechen, daß ich mich schneuzte. Das holte mich immer aus meinem alten Gefühl heraus, und ich erwähne es hier, weil jemand anderer es vielleicht genauso macht.

Ich stelle fest, daß ich in meinem Leben mehr Raum für Freude und Heiterkeit habe, seitdem ich das Kämpfen sein lassen kann und die Schmerzen verarbeite. Ich habe ein inneres Konzept, an das ich mich halten kann, und kann bei meiner Arbeit und mit meinen Freunden gesündere Beziehungen aufbauen. Ich treffe mehr richtige Entscheidungen für mich selbst. Ich bin erwachsener und kann besser für mich sorgen.

Ich sehe mich selbst ganz anders und positiver (Gefühle). Ich besitze jetzt eine persönliche Integrität und eine größere Entscheidungsfreiheit. Mein Leben gehört mir, und der Prozeß der Regression gibt mir ein Instrumentarium an die Hand, mit dem ich weiterkommen kann. Ich kann mich jetzt auf meine Intuitionen verlassen.

Ich möchte jeden dazu ermutigen, selbst Schritt für Schritt diesen Prozeß zu durchlaufen. Man kann seine durch Mißbrauch in der Kindheit geschaffenen Probleme nicht überwinden, wenn man sie nicht durcharbeitet. Bei mir funktioniert es, und der Einsatz hat sich gelohnt.

Nachwort zu Dana: Bestimmte Aspekte in Danas Leben sind grundlegend anders geworden. Sie setzt ihre Therapie trotz einiger Pausen von mehreren Wochen fort. Zur Zeit arbeitet sie nicht mehr nur als Saisonarbeitskraft, sondern sie hat eine volle Stelle in der Tourismusbranche. Sie verdient genug für ihren Lebensunterhalt und hat sich mit Hilfe eines staatlichen Kredits ein neues Haus gekauft. Probleme bei der Arbeit oder mit ihren Freunden spricht sie dann an, wenn sie auftauchen, und sie fühlt sich nicht mehr als hilfloses Opfer. Manchmal fühlt sie sich sehr einsam und läßt das Gefühl der Einsamkeit aus ihrer Kindheit zu. Auch ihr Gewicht schafft ihr immer noch viel Unbehagen, weil sie derzeit den Wunsch hat, »einen anderen Körper zu haben«. Wenn sie jetzt beschreibt, was sie zur Zeit erlebt, bezeichnet sie das nur noch selten als »komische« Geschichten. Inzwischen ist auch klar, daß ihr merkwürdiges Lachen wie ihr Ärger Hinweise auf verborgene Verletzungen sind. Dana hat außerdem angefangen, sich an spezifische Mißbrauchserfahrungen zu erinnern.

SARAH

Hintergrund: Als Sarah mit der Therapie begann, war sie Anfang Dreißig, alleinstehend und im Dienstleistungssektor beschäftigt. Sie hatte jahrelang mehrere hundert Kilometer von ihrer Herkunftsfamilie entfernt gelebt und hatte kaum Kontakt zu ihr. Sie hatte zwei ältere Brüder und keine Schwestern. Ihre Mutter war emotional und körperlich abwesend und lag oft tagelang »krank« in ihrem Schlafzimmer. Sarahs Vater und ihre Brüder mißbrauchten sie verbal und körperlich, und ihre Mutter schützte sie nicht davor. Oft kam sie aus der Schule nach Hause und fand nichts anderes vor als die verschlossene Tür ihrer Mutter. Als Teenager begann sie, Drogen zu nehmen, die ihr ihre Brüder besorgten. Als sie die Behandlung aufnahm, hatte sie einen Alkohol- und Drogenentzug hinter sich. Sarah wollte eine gesunde Beziehung zu einem Mann, etwas, das sie bis dahin noch nie gehabt hatte.

Sarahs Bericht

Ich begann mit der Therapie, weil ich immer wieder in Beziehungen hineinrutschte, die in der Regel schnell wieder vorbei waren und mich mit einem schlechten Gefühl mir selbst gegenüber zurückließen.

Über die Männer, mit denen ich meine Zeit zubrachte, sagten meine Freunde oft: »Du könntest etwas viel Besseres haben – ich weiß gar nicht, was du an ihm findest.«

Langsam hatte ich den Verdacht, daß einige der »Muster«, von denen ich gehört hatte, auch mein Leben bestimmten, denn alle meine Beziehungen zu Männern endeten mit einer schmerzlichen Enttäuschung. Außerdem vermutete ich, daß das Problem in mir selbst liegen könnte, und ich dachte, dem könnte ich in der Therapie vielleicht auf die Spur kommen.

In der Therapie begriff ich, daß meine Bedürfnisse (als Kind) nicht befriedigt worden waren, daß die Vernachlässigung durch meine Familie – und insbesondere durch meine Mutter – eine Form von Mißbrauch war.

Die Art dieses Mißbrauchs war teilweise davon bestimmt, daß meine Mutter alkoholabhängig und deshalb nicht in der Lage war, ihren Alltag zu bewältigen.

Ich wurde weder geliebt noch erzogen. Ich durfte keine Gefühle zeigen, nicht kommunizieren, nichts fragen, nichts erforschen. Ich wurde bestraft, wenn ich für mich selbst sorgte. Ein Beispiel: Mit etwa vierzehn Jahren aß ich einmal, als ich hungrig war, ein Stück Pastete aus dem Kühlschrank. Mein Vater schimpfte mit mir und sagte, es sei das letzte Stück gewesen, und er habe es für sich selbst aufgehoben. (Er war ein übermäßiger Esser.)

Meine Brüder waren älter als ich. Der Ältere hielt mich fest und quälte mich mit Kitzeln, er nannte mich fast jeden Tag ein »verzogenes Balg« und gab mir Speed, als ich ein Teenager war.

Inzwischen weiß ich, daß ich bestraft wurde, wenn ich meine Gefühle zeigte, deshalb lernte ich, nichts mehr zu empfinden. Statt dessen äußerten sich meine Gefühle in einer ungesunden Weise, indem ich beispielsweise ständig an meiner Haut oder meinen Haaren herumzupfte. Ich lernte, nicht zu weinen und keinen Ärger mehr zu spüren, und ich wurde oft körperlich krank, mit Kopfschmerzen, Bauchschmerzen, Brustschmerzen, Hyperventilation, Schlaflosigkeit und Abhängigkeit von Süßigkeiten.

Im Alter von fünf oder sechs Jahren wurde ich drei Wochen lang im Krankenhaus aufgenommen und beobachtet, um die Ursache all dieser Krankheiten herauszufinden. Ich wurde ohne Befund wieder entlassen. Heute bin ich überzeugt davon, daß ich ein zorniges, verängstigtes, vernachlässigtes Kind war, das sich mit seinem Unbehagen in die Krankheit flüchtete.

In meiner Kindheit wurde ich oft von meinem Vater und meinen beiden älteren Brüder unterdrückt. In Situationen mit meinem Freund und seinen beiden Söhnen kämpfe ich jetzt darum, mich durchzusetzen. Daß ich mich auch hier wieder drei Männern gegenübersehe, bringt mich dazu, zwischen Unterordnung und gesunder Selbstbehauptung zu kämpfen.

In meiner Familie sagte man mir nie etwas, oder jedenfalls nie »alles«. Ich mußte als Kind viele Informationslücken selbst ausfüllen, so daß ich mir entweder zu viele Gedanken machte oder zuwenig Gefühle hatte, verwirrt war und nicht begriff, was vor sich ging. Ich neige dazu, diese Kämpfe in meinem Alltag zu reproduzieren. Oft lese ich zwischen den Zeilen anstatt einfach zuzuhören, und in dem Bemühen, alles richtig zu verstehen, verkompliziere ich das Gehörte, weil ich es mit meinen eigenen Gedanken vermische, so daß ich nur noch mehr Verwirrung stifte.

Ich muß meine eigenen Verhaltensmuster erkennen, wie beispielsweise, daß ich mir immer wieder emotional verschlossene Männer aussuche, mir dann eine Phantasiebeziehung zu ihnen ausdenke, mich verhalte, als sei diese Beziehung real und, wenn die erhofften Ergebnisse nicht eintreffen, mich enttäuscht fühle und es ihnen zum Vorwurf mache.

Ich mußte zumindest meine sexuellen Beziehungen zu diesen Männern, mit denen ich ja nicht wirklich zusammen war, abbrechen, bis ich eine Art Übergang gefunden hatte.

Ich mußte außerdem aufhören zu trinken, um meine Sinne gebrauchen zu können, wenn ich gesündere Beziehungen zu Männern aufbauen wollte.

Meinen Kindheitsschmerz zu spüren ist ein sehr unbehagliches Gefühl. Es äußert sich vor allem körperlich, von leichten Muskelanspannungen bis hin zu schweren psychosomatischen Krankheiten. In letzter Zeit äußert es sich auch emotional. Zu meinen körperlichen Symptomen zählen Hyperventilation, Brustschmerzen, Übelkeit, Kopfschmerzen, Atemnot, Schweißausbrüche, Frösteln, Zittern, Freßattacken und Appetitmangel, Lethargie und Hyperkinese.

Emotional betrachtet habe ich Phasen, in denen ich übermäßig viel weine, Angst habe, mich traurig und unruhig fühle.

Ich leide auch unter Schlaflosigkeit.

Ein Beispiel: Einmal traf ich auf einem Treffen der Anonymen Alkoholiker die (damalige) Frau meines Freundes. Ich wurde immer angespannter und hatte Schwierigkeiten zu atmen. Dann bekam ich Brustschmerzen, und als ich in meinem Wagen nach Hause fuhr, wurde mir übel. Ich hatte mich verabschieden müssen, bevor das Treffen zu Ende war, weil ich mich so schlecht fühlte. Auf dem Heimweg überlegte ich, ob ich wegen der Brustschmerzen in der Ambulanz des örtlichen Krankenhauses vorbeifahren und mir ein Beruhigungsmittel geben lassen sollte. Aber da ich gerade auf Entzug bin, entschied ich mich dagegen und besprach mein Problem lieber in der Therapie. Als ich meine Schmerzen in der Therapie fühlte, wurde mir klar, daß dieser Zustand eine Reaktion auf meine Kindheitsangst vor dem Zorn meiner (inzwischen verstorbenen) Mutter war. Die Situation auf dem AA-Treffen hatte die Reaktionen verstärkt, deretwegen meine Eltern mich damals ins Krankenhaus hatten einweisen lassen, als die Ärzte keinen organischen Befund hatten feststellen können.

Meine Freunde sagten mir, in meinem Verhalten zeige sich das Muster, daß ich immer wieder schmerzhafte Situationen schaffe, und ich war lange Zeit sehr unglücklich darüber, wie mein Leben verlief.

Ich erfuhr, daß ich diese Verhaltensmuster bestimmen und mit Hilfe von gesünderen Entscheidungen ändern konnte. Zunächst aber mußte ich den Schmerz innerhalb dieser Muster identifizieren und feststellen, was ich tat, um diesen Schmerz weiter zu bewahren.

Ich fing an, meinen heutigen Schmerz über Erinnerungen an die Vergangenheit bis hin zu meiner ersten Erinnerung daran zurückzuverfolgen. Ich fühlte erneut den Schmerz in seinem früheren, ursprünglichen Zusammenhang, verglich ihn mit meinem heutigen Schmerz und stellte fest, wo es Übereinstimmungen gab. Ich achtete darauf, welche Elemente meine heutige schmerzliche Situation ausmachen und entdeckte meine Verhaltensmuster.

Viele meiner heutigen Kämpfe zeigen Übereinstimmungen mit meinen Kämpfen in der Kindheit.

Ich wurde von meiner Mutter, meinem Vater und zwei älteren Brüdern aufgezogen. Ich heiratete einen Mann mit zwei Söhnen und einer Ex-Frau.

Ich ärgere/ärgerte mich über die Gefühlsarmut meines Verlobten/Vaters. Ich fürchte/fürchtete mich vor dem Zorn der Ex-Frau meines Verlobten/meiner Mutter. Ich symbolisiere meinen Verlobten als meinen Vater und seine Ex-Frau als meine Mutter.

Wenn ich mit meinem Verlobten und seinen Söhnen zusammen bin, fühle ich mich ganz klein und überwältigt wie früher, als ich mit meinem Vater und meinen älteren Brüdern zusammen war.

Mein Leben hat sich (seit Beginn der Therapie) drastisch verändert.

Ich habe jetzt schon drei Jahre lang clean und nüchtern bleiben können, weil ich das Unbehagen meiner Kindheitsschmerzen zulasse. Ich erlebe immer tiefere Gefühlsebenen.

Die Isolation, in der ich mich befand, weil ich elf Jahre lang allein lebte, habe ich aufgebrochen, um mich mit einem Mann mit Kindern zu verloben.

Ich habe meine Ausbildung am College wiederaufgenommen und den ersten Teil des Examens mit sehr guten Noten abgeschlossen. Ich mußte mich weder wegen Krankheit noch aus anderen Gründen an meiner Arbeitsstelle beurlauben lassen.

Ich bin mit meinem Leben immer glücklicher und zufriedener.

Der Prozeß der Regression gibt mir ein Instrumentarium und Verfahren an die Hand, die mir ermöglichen, lebendig und gesund zu sein.

Ich habe gelernt, Gegenwart und Vergangenheit auseinanderzuhalten und habe inzwischen meine alten, selbstzerstörerischen Gewohnheiten unter Kontrolle. Ich habe gelernt, mich nicht mehr selbst zu sabotieren, indem ich in meinem Leben gesunde Beziehungen aufbaue. Ich denke jetzt nach, bevor ich unangemessen reagiere. Ich habe einen Weg gefunden, mich selbst zu akzeptieren.

Der Prozeß der Regression hat mir Selbstvertrauen, Mitgefühl, Mut, Zufriedenheit und körperliche Gesundheit geschenkt. Ich glaube, auch andere könnten von einer solchen Therapie profitieren, und ich wünschte, das Leben aller Menschen würde sich so positiv verändern wie meines. Mir geht es immer besser. Meine schlechten Tage sind immer seltener. Für mich ist alles in Ordnung.

Nachwort zu Sarah: Der Mann, den Sarah geheiratet hat, erwies sich ebenfalls als emotional verschlossen (wenn auch anders, als sie es gewohnt war), und Sarah nutzte den Therapieprozeß, um ihren Kummer darüber zu überwinden. Sie konnte über die tiefe Enttäuschung der gegenwärtigen Erfahrung ebenso trauern wie über die alte emotionale Verlassenheit ihrer Kindheit, die durch diese neue Erfahrung wiederaufgerührt wurde. Sie entwickelte genug Kraft, um ihr Leben nach ihren eigenen Bedürfnissen zu gestalten und die Beziehung aufzugeben. Zur Zeit lebt sie allein.

MARTHA

Hintergrund: Martha ist verheiratet und hat zwei halbwüchsige Söhne. Marthas Mann ist ein erfolgreicher Geschäftsmann, sie selbst kann sich deshalb ganz ihren Aufgaben als Mutter widmen. Martha hat einen College-Abschluß. Sie übt in ihrer Stadt verschiedene ehrenamtliche Tätigkeiten aus und engagiert sich für die Förderung von kommunalen Angeboten für Jugendliche. Martha begann mit der Therapie, weil sie sich trotz ihrer erfolgreichen Tätigkeit im sozialen Bereich unausgefüllt fühlte. Sie hatte einen Vortrag über Co-Abhängigkeit gehört und den Eindruck gehabt, daß vieles von dem Gehörten auf sie selbst zutraf, deshalb beschloß sie, daß ihr vielleicht eine Therapie helfen könnte.

Marthas Bericht

Meine Motivation zu der Therapie entstand aus einer Art Midlife-Krise. Ich war überarbeitet und zu wenig geliebt und fragte mich: »Soll das alles gewesen sein?« Ich wollte nicht mehr nur überleben, sondern ein erfülltes Leben haben. Ich hatte Jean schon bei einem früheren Vortrag gehört, aber erst im Dezember 1990 »hörte« ich wirklich, was sie sagte. Sämtliche Beschreibungen der Co-Abhängigkeit trafen auf mich zu! Ich wollte kein Seminar, weil ich weiß, daß ich mich allzu leicht in meinen Intellekt rette, und ich wollte auch keine Gruppe, daher beschloß ich, eine Einzeltherapie aufzunehmen.

Ich erinnere mich schon lange an viele Gegebenheiten aus meiner Kindheit. Die Therapie half mir zu erkennen, welche Bedeutung sie für mich haben. Während meiner ersten beiden Lebensjahre war mein Vater als Soldat im Zweiten Weltkrieg. Ich wurde geboren, als meine Mutter sechsunddreißig war, und ich war das erste Kind meiner Eltern. Mein Vater war Alkoholiker – der ewige College-Verbindungs-Typ. Meine Mutter hatte gehofft, daß mein Vater College-Professor würde, mit einem mit Wildleder abgesetzten Tweed-Jackett, einer Pfeife und ihrer Einbindung in das Leben an der Universität. Statt dessen wurde er ein unterbezahlter Sprachenlehrer an der High-School. Meine Mutter kümmerte sich um alles, organisierte die Finanzen, war isoliert und depressiv. Dies führte dazu, daß ich emotional von beiden Eltern vernachlässigt wurde. Das war ihnen weder bewußt, noch wären sie zu etwas anderem in der Lage gewesen.

Als Reaktion auf diese Vernachlässigung in der Kindheit entschied ich mich dafür, stark zu sein. Ich verleugnete meine Bedürfnisse/Gefühle aus Rücksicht auf die meiner Mutter und übernahm es, sie glücklich zu machen. Eigentlich hätte ich verletzt und zornig reagieren müssen, aber diese Gefühle hätten mich damals zerstört.

Mit Männern war ich in meinem Leben immer wieder in symbolische Kämpfe verstrickt, weil ich versuchte, ihre Aufmerksamkeit auf mich zu lenken und ihre Zuneigung zu bekommen. Ich entschied mich für meinen Mann, um dann dreiundzwanzig Jahre lang mit ihm zu kämpfen. Er zieht sich schweigend zurück, wenn er sich ärgert – genau wie meine Mutter. Auch meine Arbeit führe ich als einen symbolischen Kampf, um die emotionale Beziehung zu bekommen, die ich in meiner Ursprungsfamilie nie hatte. Ich schaffe hochgradig emotional besetzte Erfahrungen für jüngere Menschen, die mich dann »lieben« sollen.

Um mit diesen Kämpfen aufhören zu können, mußte ich mir ins Gedächtnis rufen, daß alles, wonach ich mich sehne, ein *altes* Bedürfnis ist. Dieses Gefühl der Sehnsucht ist ein Hinweis, der mir hilft, Situationen in meiner Beziehung/bei der Arbeit emotional zu entlasten, indem ich mir bewußtmache: »Etwas so Intensives ist etwas Altes.« Ich gehe dann zurück zu dem ursprünglichen Szenario (stelle gedanklich und emotional den Zusammenhang her) und lasse zu, daß ich die Vernachlässigung, das Im-Stich-Gelassenwerden und den damaligen Mangel an emotionaler Bindung fühle. Gegen diesen Schmerz habe ich mich zuerst gewehrt. Ich konnte ihn zunächst nur in der Sicherheit von Jeans Gegenwart spüren. Ich fühlte den Schmerz in meinem Körper – was für mich wirklich überraschend war – und insbesondere in meinem Bauch: einen Knoten der Angst. Seitdem ich diese »negativen«, schmerzlichen Gefühle stärker wahrnehme, kann ich auch angenehme Gefühle und körperliche, sexuelle Empfindungen deutlicher wahrnehmen. Ich gewinne eine Bandbreite von Gefühlen zurück, die ich früher in mir verschloß.

Wenn meine Gefühle aus der Kindheit kommen, fühle ich mich oft noch sehr klein. Ich sehe mich in meiner Vorstellung, wie ich weine und keiner an mein Bettchen kommt. Manchmal sehe ich meine Kindheitsfamilie mit den Augen eines Kindes, aus der Perspektive eines Kleinkinds. Mein Verstand sagt mir, daß die damit verbundenen Gefühle nichts mit meinen jetzigen, erwachsenen Fähigkeiten zu tun haben, sondern daß sie nicht-rational sind und zu einem anderen Bewußtseinszustand gehören.

Immer wenn ich eine solche Phase der Verarbeitung alter Schmerzen erlebe, beruhige ich mich, indem ich mir sage, daß ich jetzt erwachsen und in der Lage bin, solche Schmerzen zu überleben. Der einzige Ausweg ist mitten hindurch!

Mein Leben hat sich verändert, weil ich jetzt merke, wann Kindheitsschmerzen in mir ausgelöst werden und weil ich diese Schmerzen (gleich oder sobald es möglich ist) zulasse und mich nicht in Rationalisierungen flüchte (»So schlecht war meine Kindheit gar nicht,« »Das ist doch halb so wild«, »Die Bedürfnisse der anderen sind wichtiger als meine« usw.).

Ich merke schneller, wann ich in meine alte Hoffnung und Euphorie verfalle. Meine Stimme wird höher, meine Worte sprudeln schneller und wühlen die alte Hoffnung und den alten Enthusiasmus wieder auf, mit dem ich meine Mutter glücklich machen wollte. Die Zukunft macht mir keine Angst – eine Beziehung ist schließlich nicht alles im Leben. Das Ergebnis meiner Arbeit ist mir nicht mehr so wichtig. Ich spüre, wann mein kindlicher Bewußtseinszustand eine größere Intensität verlangt und lasse meine verborgenen Gefühle zu. Ich *fühle*! Das ist die größte Veränderung. Früher dachte ich, ich bestünde nur aus meinem Kopf – unterhalb meines Halses gab es keine Empfindung. Jetzt setze ich mich meinen Gefühlen aus und lasse sie zu.

Der Prozeß der Regression hat mich bewußter werden lassen. Er hat mir Entscheidungsfreiheit geschenkt und ein Werkzeug an die Hand gegeben, das mir erlaubt, mit meinen Schmerzen umzugehen.

MARTHAS NACHWORT ZU IHREM EIGENEN BERICHT: Drei Jahre nach der Therapie gibt es für mich weniger Gelegenheiten, meine alten Schmerzen zu fühlen. Ich tue es immer noch nicht gern, lasse aber die Erfahrung zu, weil ich weiß, daß ich sie durcharbeite und mich dann besser »fühle«. Ich wende weiterhin an, was Jean mir beigebracht hat, um meine Selbsterkenntnis und persönliche Entwicklung zu fördern.

ZUSATZ: Martha dient der Gemeinde weiterhin mit ehrenamtlichen Tätigkeiten. Sie versucht jedoch nicht mehr, mit ihrer Arbeit ihre Kindheitsbedürfnisse zu befriedigen.

LENNY

HINTERGRUND: Lenny ist in zweiter Ehe mit einer Frau verheiratet, die schon lange in Therapie ist. Daher waren ihm die Konzepte der Regressionstherapie ein Begriff, doch er selbst war erst dann zu einer Therapie motiviert, als seine Frau sich in einen anderen Mann verliebte. Die Situation war insofern offen und ehrlich, als Lenny und seine Frau darüber sprachen und er, weil er sich als »reifer Mensch« verstand, ihr die Affäre zugestand. Dennoch fiel es ihm viel schwerer, die Situation zu akzeptieren, als er vermutet hätte, und so beschloß er, Hilfe zu suchen.

Lennys Bericht

Meine Frau hatte einen Liebhaber – eine Situation, die mich in viel Verwirrung, Zorn und (alte) Schmerzen stürzte. Außerdem arbeitete sie selbst therapeutisch an sich, und ich lernte von ihren Einsichten.

Vor der Therapie hatte ich nicht gewußt, daß ich als Kind mißbraucht worden war: körperlich durch Schläge, Ohrfeigen und Prügel, emotional durch Im-Stich-Lassen und Schuldzuweisungen und emotional/sexuell durch meine Mutter, die mich als Ersatz für ihren alkoholkranken Mann mißbrauchte.

Meine Eltern konnten beide nicht mit Problemen ihrer Kinder umgehen. Deshalb unterdrückte ich das Gefühl, nicht liebenswert und unerwünscht zu sein ebenso wie die hochdrängenden Verletzungen und Schmerzen. Auch Zorn durfte ich nicht zum Ausdruck bringen.

Meiner Frau gegenüber habe ich immer symbolisch reagiert. Ich fühlte mich verletzt und wollte mich deshalb reflexartig von ihr zurückziehen. Ich war abhängig von ihrer Liebe in dem unbewußten Versuch, die aufrichtige Liebe meiner Mutter zu bekommen, die ich als Kind nicht bekommen hatte.

Um mit dem Kämpfen aufhören zu können, mußte ich erkennen lernen, wie ich mich fühlte und was ich tat, um meine Gefühle zu verbergen, und dann meinen Zorn (der immer als erstes in mir hochstieg) und die zurückgehaltenen Verletzungen und Schmerzen zum Ausdruck bringen. Ich mußte mir bewußtmachen, daß ich das Bedürfnis hatte, mich von meiner Frau zurückzuziehen, und mich statt dessen ihr gegenüber öffnen und ihr sagen, wie ich mich fühlte.

Es fiel mir sehr schwer, meine Gefühle aufzudecken und die Schmerzen zu fühlen, aber es hat mir auch sehr geholfen!

Um meine Gefühle mit meiner Kindheit in Zusammenhang zu bringen, versuchte ich zunächst einmal festzustellen, was ich in der Gegenwart fühlte. Dann schloß ich einfach die Augen und ließ meine Aufmerksamkeit in meine Kindheit zurückwandern.

Auf diese Weise konnte die gewaltige Wunde, die ich mit mir herumtrug, weitgehend heilen. Ich fühle mich zum erstenmal in meinem Leben gesund und kraftvoll!

Durch den Prozeß der Regression wurde ich mir selbst gegeben – und was könnte wichtiger sein! Ich kann jetzt ein realistischeres Ich in meine Ehe einbringen.

Für mich war die Therapie der Schlüssel zu vielen unbewußten Antrieben, die mein Leben hätten ruinieren können. Man kann nie gesund oder frei sein, wenn ein Teil des eigenen Selbst in der Vergangenheit feststeckt und man versucht, etwas zu bekommen, was man nie wieder bekommen kann.

NACHWORT ZU LENNY: Lenny und seine Frau arbeiten weiter an ihren Beziehungsproblemen. Beide sehen jetzt, wann sie sich symbolisch verhalten und decken mit Hilfe dieser Erkenntnis immer mehr von den schmerzlichen Gefühlen ihrer Kindheit auf. Lenny gelingt es, sich zu öffnen anstatt sich zurückzuziehen. Die Affäre seiner Frau ist längst vorbei, nachdem Lenny bewußt wurde, daß er den Standpunkt »ich oder er« vertreten mußte. Für sie gab es keinen Vergleich, und sie entschied sich natürlich für Lenny. Zwischen den beiden hat sich eine neue emotionale und sexuelle Nähe entwickelt, die sowohl durch diese Erfahrung als auch durch die Arbeit in der Therapie gefördert wurde.

NADINE

HINTERGRUND: Nadine ist eine Frau Mitte Zwanzig, die mit einem wenige Jahre älteren Mann verlobt ist. Sie leben schon einige Zeit zusammen, hatten sich aber gerade getrennt, als sie mit der Therapie begann. Nadine und ihr Verlobter hatten entsetzlich lautstarke Auseinandersetzungen, in deren Verlauf einer von ihnen oder beide emotional zusammenbrachen. Sie verstanden beide nicht, wie das geschehen konnte, denn die Anlässe erschienen ihnen so unbedeutend. Sie wußten, daß sie nicht heiraten konnten, wenn sie dieses Problem nicht vorher gelöst hatten. Nadine war pessimistisch, was ihre Chancen anging, deshalb zog sie auch aus, aber sie wollte mit der Therapie einen letzten Versuch unternehmen.

Nadines Bericht

Ich begann mit der Therapie, weil ich in einer Beziehung lebte, die ich fortsetzen wollte, die aber auseinanderzubrechen schien, ohne daß ich etwas dagegen tun konnte.

Als ich meine Kindheit nach Erfahrungen durchforschte, die ein Licht auf die Problematik zwischen mir und meinem Verlobten werfen könnten, stellte ich fest, daß sich mein Vater wie meine Mutter emotional entzogen hatten: Meine Mutter war Alkoholikerin, mein Vater ein Workaholic. Beide waren mehr mit sich selbst als mit ihren Kindern beschäftigt. Meine Brüder, vor allem einer von ihnen, mißhandelten mich körperlich. Die Erinnerungen daran waren vollständig blockiert gewesen.

Inzwischen weiß ich, daß die Gefühle, die ich als Reaktion auf diesen Mißbrauch hin hätte haben müssen, in mir begraben oder aber in eher »sichere« Gefühle verwandelt wurden

(Zorn oder Wut beispielsweise verwandelten sich in Schuldgefühle).

Manchmal symbolisiere ich nicht im Zusammenhang mit Menschen, sondern mit bestimmten Situationen. So hatte ich beispielsweise oft Angst, daß mich jemand zusammenschlagen könnte, wenn ich allein zu Hause oder auf einem Spaziergang bin. Dies ist eine symbolische Reaktion auf die Mißhandlungen durch meine Brüder, die mich in meiner Kindheit oft verprügelten.

Ich kämpfe mit Gefühlen der Wut, wenn ich mit jemandem verabredet bin, der nicht pünktlich ist. Inzwischen weiß ich, daß dies die Wut aus meiner Kindheit ist, weil ich eine Mutter hatte, die sich stundenlang verspätete, während ich irgendwo auf sie wartete.

Immer wenn mein Verlobter wütend wird, ergreift mich Panik. Ich reagiere dann symbolisch auf Situationen, in denen mein Bruder voller Wut hinter mir her war und mich prügelte.

Wenn mein Verlobter mir irgend etwas nicht glaubt, werde ich wütend. Als ich ein Kind war, glaubten mir meine Eltern nie, wenn ich ihnen sagte, einer meiner Brüder habe mich körperlich mißhandelt. Sie glaubten, ich hätte meine Brille selbst zerbrochen, und nicht, daß mein Bruder mich ins Gesicht geschlagen hatte und daß sie dabei zerbrochen war.

Ich stellte mir oft vor, daß hinter einer verschlossenen Tür Leichen lägen und fürchtete mich dann immer, sie zu öffnen. Meine Mutter drohte mir am Telefon oft, Selbstmord zu begehen. Anschließend hängte sie immer ein und nahm nicht mehr ab, wenn ich zurückzurufen versuchte. Beim Heimkommen rechnete ich jedesmal damit, daß sie tot sein könnte. Inzwischen bin ich oft schon in der Lage zu erkennen, wann ich kämpfe. Ich versuche, loszulassen und den Schmerz zu fühlen, weil ich weiß, daß er aus meiner Kindheit stammt. Ich weiß oft nicht, wodurch er ausgelöst wird oder was im Zusammenhang mit einem bestimmten Gefühl in meiner Kindheit geschah, aber mir ist bewußt, daß ich kämpfe, und ich fühle einen alten Schmerz.

Einmal stand ich beispielsweise zwischen einem Fenster und dem Bett und goß meine Blumen. Ich hatte das mir vertraute Gefühl, daß jemand in böser Absicht unter dem Bett lag, meinen Knöchel schnappen, mich hinunterziehen und verprügeln würde. In solchen Fällen kniete ich immer hin und sah unter dem Bett nach, aber diesmal spürte ich die Angst und wußte, daß diese Angst, diese Gefühle, zu meiner Kindheit gehörten. Diesmal wußte ich, daß in Wirklichkeit niemand unter dem Bett versteckt war.

Ein anderes Beispiel: Eine meiner Kolleginnen mag mich einfach nicht, ohne daß es dafür einen ersichtlichen Grund gäbe. Bisher habe ich mich immer angestrengt, ihr Gefühl für mich zu verändern, sie dazu zu bringen, daß sie mich mag. Kürzlich spürte ich den Schmerz wieder und wollte etwas unternehmen, um die Situation zu ändern, aber nur einen Augenblick lang. Statt dessen fühlte ich den alten Schmerz, der daher kam, daß mich manche Menschen wegen meiner merkwürdigen drogen- und alkoholabhängigen Familie nicht mochten.

Mein Körper tut weh, wenn ich meine Kindheitsschmerzen spüre. Mein Bauch und oft auch mein Kopf fühlen sich an, als würden sie schlagartig explodieren. Ich habe Herzschmerzen. Wenn ich den Schmerz eine Weile empfunden habe, bin ich völlig ausgelaugt.

Durch die Therapie gelang es mir, diesen Schmerz mit meiner Kindheit in Zusammenhang zu bringen. Ich verstehe immer besser, daß viele meiner Schmerzen Kindheitsschmerzen sein müssen.

Mein Leben hat sich ziemlich verändert. Seitdem ich begriffen habe, daß meine Ängste aus meiner Kindheit stammen, bringe ich meine Tage nicht mehr damit zu, eine Angst für real zu halten und mich beispielsweise davor zu fürchten, daß mich jeden Augenblick jemand zusammenschlagen könnte.

Wenn ich bemerke, daß ich mit meinem Verlobten kämpfe, höre ich damit auf. Bei uns ist es jetzt so viel ruhiger. Anstatt den ganzen Samstag lang herumzustreiten, gehen wir wandern und haben Spaß miteinander!

Ich habe nicht mehr das Bedürfnis, meine Umgebung verbal zu mißbrauchen. Mir ist klar, daß mein Zorn aus mir kommt, daß er aus meiner Kindheit stammt, daß die Menschen, die jetzt um mich sind, mir nichts getan haben.

Der Prozeß der Regression hat mir Frieden, Hoffnung und Verständnis gegeben. Er hat mir ein besseres, ein glückliches Leben geschenkt.

Ich glaube, daß jeder, der kämpft, diesen Weg gehen sollte, denn er sollte erkennen, warum er kämpft. Mehr Selbsterkenntnis kann dazu führen, daß man sich weiterentwickeln will. Wir hätten mehr gesündere Menschen, mehr gesündere Kinder auf dieser Welt.

Nachwort zu Nadine: Nadine und ihr Verlobter heirateten etwa eineinhalb Jahre, nachdem Nadine mit der Therapie begonnen hatte. Auch ihr Verlobter nahm eine Therapie auf, und sie gingen gemeinsam in eine Paartherapie, als sie sich in gegenseitige symbolische Reaktionen verstrickten. In der Zeit nach Nadines Bericht bauten sie ein Haus. Sie haben gerade ihr zweites Kind bekommen und kommen meistens gut miteinander aus. Wenn es ihnen erforderlich scheint, suchen sie eine Beratung auf.

BETTY

HINTERGRUND: Betty war Anfang Dreißig, als sie in die Therapie kam. Sie hoffte, herauszufinden, warum sie in einer Beziehung blieb, in der ihr Partner sie oft zurückwies. Betty hat einen College-Abschluß. Ein paar Jahre nach ihrer College-Ausbildung war Betty weit vom Wohnort ihrer Eltern weggezogen. Sie machte bei ihren Eltern »Pflichtbesuche« und berichtete hinterher oft, wie schwierig deren Beziehung war. Die Beziehung zu ihrem Freund empfand sie als sehr widersprüchlich. Sie lebte mit ihm in einem neuen Haus, das er zu der Zeit baute, in der sie die Therapie aufnahm. Sie schloß eine höhere Ausbildung ab und arbeitete als Anwaltsgehilfin, eine Tatsache, auf die ihr Freund sehr viel Wert legte. Auch das war ein Streitpunkt, denn wenn es nach Betty gegangen wäre, hätte sie sowohl im Hinblick auf die Art der Arbeit als auch auf den damit verbundenen Zeitaufwand eine andere Tätigkeit ausgeübt. Eigentlich war ihr Zeit wichtiger als Geld, doch ihr Freund war davon überzeugt, daß sie sich nicht angemessen an ihren finanziellen Aufwendungen beteiligen könnte, wenn sie den Job wechselte. Wegen dieses Konflikts und weil Betty das Gefühl hatte, daß sie verbal mißbraucht wurde, überlegte sie, ob sie ausziehen sollte, doch sie fürchtete sich vor den Gefühlen, mit denen sie konfrontiert sein würde, wenn sie allein lebte.

Bettys Bericht

Meine Motivation zu der Therapie entstand, weil ich mit meinem Freund zusammenlebte und anfing, mich in jedem Streit mit ihm so zu fühlen wie während meiner Ehe (die vor sieben Jahren zu Ende gegangen war). Die beiden Männer erschienen mir grundverschieden, deshalb dachte ich, es liege wohl an mir.

Als ich meine Kindheit erforschte, verstärkte sich das Gefühl, das ich schon immer gehabt hatte – daß mein Vater nämlich überkritisch war und mich schlug. Er setzte mich, als ich noch ein Mädchen war, ständig herab und äußerte sich abfällig über die Größe meiner Füße, über meine Hüften usw. Meine Mutter flehte ihn (in der Regel am Eßtisch) an, damit aufzuhören. Sie ergriff zunächst für mich Partei, wechselte dann aber die Seiten, um mich ebenfalls anzugreifen und mir zu sagen, was für ein guter Mann mein Vater war.

Ich entdeckte, daß ich mich als Kind extrem einsam und verlassen gefühlt und den übermäßig starken Wunsch gehabt hatte, andere sollten mich mögen – was dazu führte, daß ich mir Freunde suchte, die mich mißbrauchten und von denen ich dennoch erhoffte, sie würden mich freundlich behandeln, so daß ich mich nicht mit dem schrecklichen Schmerz auseinandersetzen mußte, den die überkritische Art meines Vaters in mir hinterlassen hatte.

Ich kämpfe immer noch mit Tom, meinem »Freund«. Er *mag mich nicht*, so daß ich zwanghaft versuche, ihn dazu zu bringen, daß er mich wenigstens hin und wieder mag. Ich kann auch nicht akzeptieren, daß er mich einfach nicht mag – die exakte Wiederholung der Beziehung zu meinem Vater.

Um mit dem Kämpfen aufhören zu können, muß ich mir sagen: »Halte still und fühle einfach.« Die Gefühle, die dann in mir aufsteigen, sind meistens überaus qualvoll. Meine zweite Regel heißt: »Unterlasse es, Tom zu rufen.«

Ich kann meine alten Schmerzen vielleicht am besten als einen weiten offenen Raum beschreiben, der erfüllt ist von einem dunklen, wirbelnden, endlosen Nichts. Der Schmerz in diesem Raum fühlt sich an, als würde er mich umbringen.

Daß meine Gefühle tatsächlich in einem Zusammenhang mit meiner Kindheit stehen, erkannte ich zum erstenmal, als ich vor ein paar Jahren auf einem Rastplatz ein paar verlassene kleine Kätzchen fand. Der Schmerz, den ich fühlte, als ich sie dort zurückließ, war der Schmerz, den ich empfand, als ich vor vielen Jahren drei Kätzchen ihrem Schicksal hatte überlassen müssen. Es war entsetzlich gewesen, (mit meinem Vater) wegzufahren und sie allein zu lassen. Ich wußte, daß sie sterben würden, aber ich konnte meine Gefühle darüber einfach nicht wahrnehmen.

Mein Leben hat sich insofern verändert, als ich immer mehr bewußte Entscheidungen treffe, um mich mit Menschen zu umgeben, die mich mögen. Ich bemühe mich ganz bewußt um mein Wohlergehen und kümmere mich nicht nur mehr um mich als um andere, sondern achte auch darauf, was mir wirklich guttut. Das wird mir Tag für Tag klarer.

Der Prozeß der Regression hat mich dazu bewogen, mich in meinem ganzen Leben um Klarheit zu bemühen – für mich zu sorgen, ein Gefühl für mich selbst und für das, was ich bin, zu entwickeln. Dafür muß ich mich nicht mehr entschuldigen. (Die dafür erforderliche Kraft kommt und geht, aber zumindest merke ich, daß sie zunimmt!)

Ich glaube, von einem solchen Prozeß würde jeder profitieren, und wenn es für jemanden richtig ist, damit zu beginnen, wird auch die Zeit dafür kommen.

Nachwort zu Betty: Kurz nach dem Beginn der Therapie beschloß Betty, aus dem Haus ihres Freundes auszuziehen. Um ihre Einsamkeitsgefühle zu verringern, zog sie mit einer anderen Frau zusammen, fand aber nach einer Weile eine Wohnung für sich allein. Sie lebt auch jetzt noch allein, obwohl sie monatelang immer wieder mit ihrem Freund zusammen war und sich wieder von ihm trennte. Sie zog allerdings nicht mehr in sein Haus und beendete schließlich endgültig die Beziehung. Zur Zeit ist sie alleinstehend. Betty hat eine befriedigendere Teilzeitbeschäftigung gefunden und ist jetzt für eine örtliche Dienstleistungsorganisation verantwortlich. Damit hat sie sowohl eine berufliche Herausforderung als auch Zeit für andere Aktivitäten. Betty hat auch ihre Probleme mit den Besuchen bei ihren Eltern geklärt. Es ist ihr bewußt, daß ihr Vater sie immer noch mißbräuchlich behandelt, aber jetzt als Erwachsene ist sie nicht mehr darauf angewiesen, daß er nett zu ihr ist. Sie kann inzwischen seine Bemerkungen übergehen und empfindet Besuche bei ihren Eltern einfach deshalb als befriedigend, weil sie ihre Eltern sind.

SHERYL

HINTERGRUND: Als Sheryl mit der Therapie begann, war sie eine junge Frau Anfang Zwanzig, Ex-Userin und trockene Alkoholikerin, übergewichtig und Raucherin. Sheryl hatte zwei angeborene körperliche Probleme – ein »wanderndes Auge« und einige ernsthafte Zahnprobleme, die behoben werden mußten. All das zusammen gab ihr das Gefühl, höchst unattraktiv zu sein. Sheryl hatte schon in der High School Suchtmittel konsumiert, deshalb besaß sie auch nur den High School-Abschluß. Sie hatte weiter keine Ausbildung und wurde wegen ihres Drogenmißbrauchs aus ihrem Job bei einer Airline entlassen. Sie konnte nicht mit Geld umgehen und arbeitete in einem schlecht bezahlten Job, worüber sie oft klagte. Sie schien immer zu hoffen, daß sich jemand anderer um sie kümmerte (so, wie es ihre Eltern hätten tun sollen). Sheryl empfand die Beziehung zu ihrem Vater als schwierig, weil er nach der Scheidung von ihrer Mutter wieder geheiratet hatte und weder er selbst noch seine neue Frau sich für Sheryl oder ihre Probleme zu interessieren schienen – eine Situation, die sie seit ihrer Kindheit kannte. Sheryls alkoholabhängige Mutter hatte in zweiter Ehe einen Mann geheiratet, der Sheryl jahrelang sexuell mißbrauchte. Sheryls Mutter trank immer noch, und Sheryl versuchte ständig, sie dahin zu bringen, daß sie »einsichtig wurde«. Zu Beginn der Therapie hatte sie viele unrealistische Hoffnungen in bezug auf beide Eltern. Dennoch war sie in der Regel bereit, sich mit all ihren Problemen auseinanderzusetzen, obwohl sie erst wenige Monate trocken war. Sie wußte, daß Drogen und Alkohol nicht ihre einzigen Abhängigkeiten waren und daß sich ihr Leben nicht bessern konnte, solange sie nicht alle überwand.

Sheryls Bericht

Meine Geschichte ist geprägt vom Inzest. Irgendwann versuchte ich es mit einer Nachsorge-Gruppe, aber ich hatte nicht das Gefühl weiterzukommen. Verschiedene Frauen aus der Gruppe *Incest Survivor's Anonymous* (ISA) erwähnten ziemlich häufig Jeans Namen und empfahlen sie als Therapeutin.

Nachdem ich in der Therapie eine Zeitlang an meinen Problemen gearbeitet hatte, stellte ich fest, daß ich physisch, emotional und seelisch vernachlässigt worden war. Meine Bedürfnisse wurden nicht befriedigt. Hin und wieder entsteht in mir zunächst unmerklich das Bedürfnis zu verleugnen, das ich als extrem stark erlebe. Aber ich habe in der Therapie genug gelernt, um meine Erfahrungen nicht mehr herunterzuspielen.

Vor der Therapie hielt ich meine Gefühle, die sich als Kindheitsgefühle erweisen sollten, für Erwachsenengefühle. Inzwischen kann ich sie bis zum Inzest zurückverfolgen. So fühle ich mich beispielsweise oft völlig allein und isoliert, weil ich damals im Stich gelassen wurde. Oder meine Angst – es wäre für mich als Kind zu entsetzlich gewesen, sie zu fühlen, ich durfte sie nicht fühlen, mußte die Erwachsene sein, mußte mich um die Gefühle der anderen kümmern.

Ich kämpfe mit Männern und Autoritätsfiguren. Ich mache mich von Männern abhängig, um alte Bedürfnisse nach Zuneigung und Sicherheit befriedigt zu bekommen, um das Gefühl zu haben, ich werde gebraucht und geliebt. Heute noch kann ich mich Autoritätsfiguren gegenüber nicht durchsetzen (und versuche es erst gar nicht). Ich gebe ihnen zu viel Macht, und ich fürchte mich vor ihnen. Wenn sie die Kontrolle ausüben, fühle ich mich ohnmächtig. Ich fühle mich unzureichend.

Um mit dem Kämpfen aufhören zu können, mußte ich eine »Realitätsprüfung« vornehmen (jemanden fragen, ob meine Gefühle in einem sinnvollen Zusammenhang zu meiner Gegenwart stehen) und den Mut finden, für mich selbst einzustehen, unabhängig davon, was richtig und was falsch ist und welche Konsequenzen daraus entstehen könnten. Was Männer angeht, mußte ich mich einer Gruppe von Sexsüchtigen (*Sex Addicts Anonymous*) anschließen und mich zu einem zölibatären Leben verpflichten. Jetzt versuche ich nicht mehr, von Männern etwas zu bekommen, was ich nie erhalten werde. Entschlossen habe ich mich dazu, weil ich mich immer wieder für Männer interessiere, die an mir kein Interesse zeigen, und damit symbolisch die Situation wiederhole, in der meine Eltern sich nicht für mich interessierten. Nur durch meine Verpflichtung zu einem zölibatären Leben gelingt es mir, mich zu beherrschen. Doch es fällt mir sehr schwer, denn wenn ich nicht selbst einen Mann um eine Verabredung bitte, bittet mich niemand darum. Ich unternehme dann etwas mit Freundinnen oder bleibe allein zu Hause. Ich habe ganz stark das Gefühl, daß mir etwas fehlt, und ich versuche, dieses Gefühl einfach zuzulassen.

Die schlimmsten, intensivsten Gefühle, die ich habe, fühlen sich an wie das Ende (der Tod). Diese Gefühle sind entsetzlich. Häufig fühle ich mich auch allein und wertlos, aber nach jeder Erfahrung mit diesen Schmerzen bin ich ein wenig gewachsen und fühle mich erleichtert und nicht mehr so hoffnungslos.

Um meine schmerzlichen Gefühle in ihren Zusammenhang mit meiner Kindheit zu bringen, nehme ich dann wieder eine Realitätsprüfung vor. Wenn ich wegen banaler Erwachsenenprobleme mit intensiven Gefühlen reagiere, weiß ich, das muß mit meiner Kindheit zu tun haben. Meistens muß ich mit jemandem darüber reden, der einen Blick für seine eigene Kindheit hat, bevor ich feststellen kann, was ich genau fühle. Normalerweise gehe ich nicht bis zu einem bestimmten Vorfall zurück. Allzuviel Nachdenken holt mich aus meinem Schmerz heraus.

Ich kann nur schwer beschreiben, wie ich mich verändert habe. *Daß* ich mich verändert habe, weiß ich, doch ich spüre es nicht oft, weil ich so häufig in meinen Kindheitsgefühlen bin. Inzwischen reagiere ich nicht mehr jedesmal auf Zorn, und ich setze mich mit unbehaglichen Situationen auseinander, anstatt sie zu ignorieren oder wegzulaufen. Ich sage meinen Eltern, wie ich die Dinge empfinde, und ich konfrontiere sie mit meiner Meinung. Ich fühle mich für mein Leben verantwortlich und achte auf meine körperliche Gesundheit, arbeite aber immer noch an meiner emotionalen und seelischen Gesundheit.

Dieser Prozeß hat mich mit wirklicher Hoffnung erfüllt.

Heute den Schmerz zu fühlen, den man damals nicht fühlte, könnte für jeden ein guter Prozeß sein. Ich meine nicht den Quatsch mit dem »inneren Kind«. Dieser Mist erfüllt einen bloß mit Scham und holt einen aus seinen Gefühlen heraus (das habe ich allerdings vor einigen Monaten noch ganz anders gesehen). Mein Drang zu verleugnen ist nach wie vor stark, und ich versuche immer wieder, alles zu tun, um aus meinem Schmerz herauszukommen. Deshalb bin ich mehrfach abhängig.

NACHWORT ZU SHERYL: Sheryl schrieb ihren Bericht vor drei Jahren. Sie kam bis vor wenigen Monaten einmal wöchentlich zur Therapie. Dann gab sie ihren schlecht bezahlten Job auf und zog in eine Stadt, in der sie zur Schule gehen und eine Beschäftigung aufnehmen konnte, die ihr gleichzeitig den Lebensunterhalt sicherte. Während der Zeit in der Therapie unterzog sich Sheryl einigen korrigierenden operativen Eingriffen an Augen, Mund und Zähnen. Ihr Äußeres verbesserte sich dadurch erheblich, nur ihr Übergewicht wurde nicht geringer, und sie fühlte sich auch nicht besser damit. Sie konnte jedoch die Tatsache akzeptieren, daß sich trotz ihres Übergewichts ihr Äußeres verbessert hatte. Es gelang ihr, keinen Alkohol mehr zu trinken und das Rauchen aufzugeben, doch ihre Verpflichtung, zölibatär zu leben, konnte sie nicht einhalten. Sie kämpft immer noch mit ihrem Bedürfnis, Männern hinterherzulaufen, die sie ablehnen. Bevor Sheryl ihre Therapie hier abbrach, stellte sie ihren Vater zur Rede, weil er sie auch jetzt noch lieblos und gleichgültig behandelt. Sie erwartete sich nichts davon, wußte aber, daß sie mit ihrem Schweigen dem Mißbrauch ihrer Kindheit weiter Raum gegeben hätte. In der Beziehung zu ihrer Mutter versucht sie nicht mehr, deren Alkoholismus zu »fixieren«. Sheryls Umzug in eine andere Stadt und der Besuch einer Schule sind ein sehr gesundes Vorhaben, mit dem sie für sich selbst sorgt, anstatt symbolisch darauf zu hoffen, daß es jemand anderer tut.

Eines Tages erhielt ich völlig unaufgefordert den folgenden Brief von einem Freund einer ehemaligen Klientin, die alles getan hatte, um ihm den Prozeß der Regression nahezubringen:

»So lange ich mich erinnern kann, war meine Motivation für wirklich alles, was ich jemals getan habe, das Bedürfnis, den Schmerz, den ich fühle, zu ersticken.

Ich glaube, ich steckte lange Zeit in immer derselben emotional/psychischen Verfassung fest. Was ich über die Art der erforderlichen Arbeit gelernt habe, habe ich über den Weg des Ausschlusses gelernt. Mit anderen Worten: Was ich bisher unternommen habe, hat nicht funktioniert. Und ich habe gewiß schon vieles unternommen.

Inzwischen glaube ich, daß ich mich nicht aus dem Ort herausagieren kann, an dem ich bin. Und ich agiere gut. Ich tue alles, wovon ich mir vorstellen kann, daß es mir guttut. Ich bete und meditiere. Ich treibe Sport und ernähre mich gut. Ich bin ein rechtschaffener und fleißiger Arbeitnehmer und leiste etwas für mein Gehalt. Ich helfe anderen, wo ich kann. Ich gehe in die Therapie. Und nichts davon konnte etwas daran ändern, wie ich mich fühle.

Inzwischen weiß ich sicher, daß ich mich nicht von dem Ort wegdenken kann, an dem ich bin. Mehr als dreißig Jahre lang habe ich unablässig über die Auflösung meiner Schmerzen nachgedacht – bis zum Erbrechen. Ich habe die richtigen Bücher gelesen und mir ihre Überlegungen und Anschauungen zu eigen gemacht – eine Zeitlang. Die besten Gedanken, die ich las oder die mir selbst einfielen, haben wenig daran geändert, wie ich mich fühle.

Wenn ich aus meiner seelischen Verfassung also weder durch mein Verhalten heraus kann noch über mein Denken einen Ausweg finde, welche Möglichkeiten bleiben mir dann?

Ich habe übrigens auch versucht, über Gebete einen Ausweg zu finden. Obwohl zwanzig Jahre Meditation ein ungeheurer und unermeßlicher Gewinn für mich sind, fühle ich mich nicht viel anders als vor zwanzig Jahren. Nun *sind* aber meine Gefühle mir selbst gegenüber das zentrale Thema meines Universums. *Ich bin eindeutig das Ergebnis der Arbeit meines Lebens.* Seitdem ich als älterer Teenager wach wurde, arbeite ich immer wieder an mir selbst.

Inzwischen glaube ich, daß der Prozeß der Heilung für mich weder mit meinem Handeln noch mit meinem Denken zusammenhängt – das auf keinen Fall. Das Denken verschafft mir Höhenflüge der Phantasie, die sich manchmal richtig gut anfühlen, mich aber innerlich nicht verändern.

Ich glaube, mein Heilungsprozeß ist ein ganzheitlicher Prozeß. Die Kraft in mir, die gesund und frei sein will, ist entscheidend; sie ist viel stärker als alle Kräfte, die mich so lange festgehalten haben. Aber was ist dann die Lösung? Ich bin mir nicht sicher, doch ich weiß, daß ich mir die Erkenntnissse und die Hilfe der Verfasserin dieses Buches zunutze machen kann.

Heute glaube ich, die Lösung besteht einfach darin, daß ich innehalte, meine Gefühle zulasse und sie mir bewußt mache, *während ich sie wahrnehme.* Wenn ich mir selbst den Weg nicht mehr verstelle, wird dieser Prozeß (der schon begonnen hat und ganzheitlich ist), sich von allein weiterentwickeln, und ich werde mit ihm wachsen. Diese Arbeit ist viel einfacher und zugleich viel schwieriger, als ich sie mir je vorgestellt hätte.

Meine Hauptmotivation für all mein Denken und Handeln ist, wie bereits erwähnt, den Schmerz zu beenden, den ich fühle. Wenn ich also jetzt *stillhalten und meinen Schmerz fühlen* soll, gerate ich in ein echtes Dilemma. Mich so zu verhalten widerspricht allem, was ich mir beigebracht habe und was ich zu erreichen versucht habe. Und es widerspricht einem elementaren und höchst natürlichen Instinkt.

Nichts könnte natürlicher und sinnvoller sein, als Schmerz zu vermeiden. Deshalb erfordert diese Arbeit auch so viel Überzeugtheit und Mut. In meinem Fall macht die absolute Gewißheit, daß dies der richtige und wahre Weg ist, den entscheidenden Unterschied aus, ganz ähnlich wie bei dem Athleten, der bereit ist, körperliche Anstrengungen auf sich zu nehmen, weil er genau weiß, daß er nur so vorankommt und Fortschritte macht.

Man muß nicht von vornherein von etwas überzeugt sein, um sich an diese Arbeit machen zu können. Ich habe lediglich über Versuch und Irrtum alle anderen Wege ausgeschlossen und bin so zu der Bereitschaft gekommen, an diesen Prozeß zu glauben und die dafür notwendige Arbeit zu tun. Der Mut dazu entstand aus meiner Verzweiflung und dem unstillbaren Bedürfnis danach, endlich frei zu sein. Der Glaube daran erwuchs, als ich meine Freundin Jan durch ihren Prozeß hindurch begleitete. Sie ebnete mir den Weg, und dieses Buch kann all jenen den Weg ebnen, die mit Hoffnung und Mut an diese Arbeit gehen können.«

Nachwort von Alice Miller

Vor mehr als zwanzig Jahren habe ich in den von mir spontan gemalten Bildern meine Vergangenheit entdeckt und mich anschließend im Schreiben mit den Auswirkungen von Vernachlässigung und Mißbrauch in der Kindheit auf das Leben des Erwachsenen beschäftigt. Eine Zeitlang meinte ich, die Primärtherapie würde den Schlüssel zur Aufarbeitung der alten Verletzungen liefern. Doch ich mußte schließlich einsehen, daß die Bewältigung der Vergangenheit nur vom *erwachsenen* Teil der Persönlichkeit geleistet werden kann, nicht vom Kind. Der auf die Stufe des kleinen Kindes regredierte Klient kann dies nicht schaffen, er kann nur seine Traumen endlos wiederholen, aber deren Folgen im Wiederholungszwang nicht auflösen.

Jean Jensons Konzept hilft dem Erwachsenen, die Verluste seiner Kindheit zu betrauern, ohne daß dieser Gefahr läuft, sich wie ein Kind im Chaos der Gefühle zu verlieren. Jean Jenson machte in den siebziger Jahren die Erfahrung der Primärtherapie am Institut von Arthur Janov, später entwikkelte sie aber ein Therapiekonzept, das in dieser entscheidenden Frage der Regression und im Verständnis des therapeutischen Geschehens über die Primärtherapie hinausgeht.

Wie weit es den Lesern möglich sein wird, mit dieser Methode selbständig zu arbeiten, wird sich mit der Zeit erweisen. Ich neige heute eher zu der Auffassung, daß die Begleitung durch einen kompetenten Therapeuten wünschenswert wäre, damit der Klient seine Fähigkeit zur Veränderung voll einsetzen kann. Um seine Wachstumsmöglichkeiten entfalten zu können, muß er fühlen dürfen, daß er wahrgenommen, bestätigt, geschützt und nicht ausgenutzt wird. Eben solche

Umstände fehlten einst dem vernachlässigten oder sogar mißhandelten Kind.

Jean Jenson ist es möglicherweise gelungen, die Gefahren der Primärtherapie auf ein Minimum zu reduzieren. Das wird sich erst in längeren Zeiträumen erweisen. Carol L. Mithers hat in ihrem vielbeachteten Buch (*Therapy Gone Mad*, New York 1994) anhand vieler Extremfälle die Gefahren geschildert, die durch die kommerzielle Ausbeutung der Regression entstehen.

Jensons Buch hilft dem im Chaos der Gefühle steckengebliebenen Menschen, dieses Chaos zu strukturieren, wenn er anhand ihrer Übungen gelernt hat, an diesen kindlichen Gefühlen als Erwachsener zu arbeiten und zwischen den beiden Ebenen (des Bewußtseins des Kindes und der Realität des Erwachsenen) zu unterscheiden (vgl. drittes Kapitel). Dank dieser Unterscheidung wird er die Chancen seines Lebens wahrnehmen und nutzen, ohne sich in der Hilflosigkeit des Kindes zu verlieren, die ihn besonders anfällig für Manipulationen machen würde. Er schafft sich die Möglichkeit einer selbsteingeleiteten und *strukturierten* Regression in die Vergangenheit im Dienste der Reifung, wenn er das überhaupt wünscht und braucht. Ich denke, daß diese Frage grundsätzlich einer sorgfältigen Klärung bedarf, bevor sich jemand zu einem solchen Experiment entschließt. Nicht jeder hat das Bedürfnis, seine Kindheit zu erforschen, und schon gar nicht in dem Ausmaß, wie ich es hatte. Doch wenn er es hat, wird er von Jensons klaren und ausführlichen Anweisungen profitieren können.

Ich weiß heute, daß eine Methode, die bei der einen Person Erfolg hatte, bei einer anderen nicht unbedingt wirken muß. Das gilt für alle Methoden, auch für die Primärtherapie. Es gibt Menschen, die behaupten, sie habe ihnen das Leben gerettet, und andere, die sagen, sie hätten gar nicht davon profitiert, sie habe ihnen sogar erheblich geschadet. Und es gibt viele Menschen, denen auch ohne die Konfrontation mit der Vergangenheit nachweisbar in der Therapie geholfen werden konnte. Die Gründe dafür sind mir erst in der letzten Zeit klargeworden: Wenn nämlich die Therapie Vorausetzungen schafft, die das psychische Wachstum begünstigen, kann der Klient die Fähigkeit entwickeln, seine Bedürfnisse wahrzunehmen und sie zu befriedigen. Dadurch vermindert sich der Einfluß der früheren Traumen auf die Gegenwart, und die schmerzlichen Konfrontationen mit der Vergangenheit sind nicht mehr oder viel weniger nötig. Die Traumen verlieren an Bedeutung, wenn es mit Hilfe der Therapie gelingt, unser Leben in der Gegenwart befriedigender zu gestalten und eigenständige Entscheidungen zu treffen. Diese Fähigkeit ist zwar bei vielen Klienten gestört und blockiert, doch sie wird nicht durch die Konfrontation mit dem früheren Leiden automatisch freigesetzt. Hingegen kann sie meines Erachtens in einer verläßlichen und schützenden Begleitung entwickelt werden.

Gerade einige der von Jenson beschriebenen Fälle zeigen mir, daß die Schmerzen der Vergangenheit sich vor allem dann alarmierend auswirken, wenn die Bedürfnisse der Gegenwart vernachlässigt, ignoriert oder überhaupt nicht ernstgenommen werden. Dann nämlich kann die Konfrontation mit der Vergangenheit zu einer nicht endenden Qual werden. Sie wird zur ständigen Notwendigkeit, die Schmerzen müssen gefühlt, geklärt, aufgelöst werden, damit sie das Bewußtsein nicht überschwemmen..., bis ein neuer »Alarm« die gleiche Prozedur wieder nötig macht. Werden aber die heutigen Bedürfnisse in der Therapie artikuliert und ernstgenommen, so daß sie im Leben befriedigt werden können, sind wichtige Voraussetzungen für eine gesunde Nachentwicklung gegeben. Der Betreffende wird sich – unabhängig von der angewandten Methode – leichter aus den Fallstricken der Vergangenheit lösen. Die Erwartung, man könne sich mit den Mitteln der Primärtherapie eines Tages von sämtlichen Folgen der frühen Traumen für alle Zeiten befreien, halte ich heute für unrealistisch und Streß erzeugend, weil viel Kraft für möglicherweise unerreichbare Ziele verbraucht wird.

Ich habe mich für diese Publikation ausgesprochen, weil ich meine, daß Jensons Modell zur Erweiterung und Differenzierung der Therapiediskussionen in der Fachwelt und unter Laien beitragen könnte. Es scheint mir auch leicht anwendbar und überprüfbar. Die Autorin belastet ihre Leser nicht mit moralisierenden oder pädagogischen Forderungen, sie bringt ihre Empfehlungen nicht als die einzige und letzte Weisheit und beansprucht keine Monopolstellung. Sie liefert ein ehrliches Angebot. In einer klaren, einfachen Sprache, mit Hilfe vieler konkreter Beispiele gibt Jenson dem Leser die Chance, sich der eigenen Wahrheit zu nähern und für alles Neue offen zu bleiben, was ihm auf diesem Wege entgegenkommen und hilfreich sein kann.

Das ist gut so, denn noch bis vor kurzem hat die traditionelle Psychologie den Gefühlen eher zu wenig Beachtung geschenkt, und es ist zu erwarten, daß das jetzt erwachte große Interesse für Emotionen – nicht zuletzt infolge neurobiologischer Forschungen – in der nächsten Zeit viel Neues und Spannendes bringen wird.

Bibliographie

Bradshow, John, Bradshow On: The Family. Deerfield Beach, Fla.: Health Communications, 1988.

Beatty, Melody, Co-Dependent No More. New York Harper/Hazelden, 1982.

Cermak Timmen L., Diagnosing and Treating Co-Dependency. Minneapolis: The Johnson Institute, 1986.

Janov, Arthur, The Primal Scream. New York: Perigee Books, 1970 (dt.: Der Urschrei. Ein neuer Weg der Psychotherapie).

Kübler Ross, Elisabeth, On Death and Dying. New York: Macmillan, 1969 (dt.: Leben und Sterben).

Mellody, Pia, Miller & Miller, Facing Co-Dependence. New York: Harper San Francisco, 1989)

Miller, Alice, The Drama of the Gifted Child. New York: Basic Books, 1980 (dt.:Das Drama des begabten Kindes und die Suche nach dem wahren Selbst).

Miller, Alice, For Your Own Good. New York: Farrar, Straus and Giroux, 1984 (dt.: Am Anfang war Erziehung).

Miller, Alice, Thou Shalt Not Be Aware. New York: Farrar, Straus and Giroux, 1985 (dt.: Du sollst nicht merken. Variationen über das Paradies-Thema).

Miller, Alice, The Untouched Key. New York: Doubleday, 1990 (dt.: Der gemiedene Schlüssel).

Miller, Alice, Banished Knowledge. New York: Doubleday, 1990 (dt.: Das verbannte Wissen).

Miller, Alice, Breaking Down the Wall of Silence. New York: Dutton, 1991 (dt.: Abbruch der Schweigemauer).

Olver-Diaz, Phillip, and Patricia A. O'Gorman, 12 Steps to Selfparenting. Derfield Beach, Fla.: Health Communications, 1988.

Pollard, John K., Self-Parenting. Malibu Canyon, Calif.: Generic Human Publications, 1987)

Recovery Publications, The 12 Steps for Adult Children. San Diego: Recovery Publications, 1987.

Recovery Publications, The 12 Steps – A Way Out. San Diego: Recovery Publications, 1987.

Schaef, Anne-Wilson, Co-Dependence, Misunderstood, Mistreated. Minneapolis: Winston Press, 1986 (dt.: Co-Abhängigkeit).

Wegschieder-Cruise, Sharon, Choicemaking – For Co-Dependents, Adult Children, and Spirituality Seekers. Pompano Beach, Fla.: Health Communications, 1985.

Dank

Ich bin meiner Freundin Premi Pearson dankbarer, als sich mit Worten sagen läßt. Erstens war sie bereit, mich an ihrer beträchtlichen Erfahrung als Herausgeberin teilhaben zu lassen. Ihre Fähigkeit, das Gemeinte zu erfassen und es für den Leser leichter verständlich zu formulieren war ebenso unschätzbar wertvoll für mich wie ihre soliden terminologischen Kenntnisse. Darüber hinaus schenkte sie mir freizügig ihre wertvolle Zeit, wenn ich Ermutigung und die Hilfe des Gedankenaustauschs brauchte. Dieses Buch wäre ohne sie gar nicht erst entstanden.

Ebenso ist kein »Danke« groß genug, um das Engagement anzuerkennen, mit dem Alice Miller den Verleger auf dieses Buch aufmerksam machte. Alice Miller ist eine ganz erstaunliche Frau: Nicht nur war sie bereit, mein Buch einfach deshalb zu lesen, weil ich sie darum bat, sondern sie investierte auch ein ungeheures Maß an Zeit und Energie in mein Unterfangen.

Mein Dank gilt auch Sally McCollum, Ph.D., die bereit war, kurzfristig einen Großteil des Manuskripts zu redigieren. Ihr Beitrag war besonders wertvoll, weil sie über eine fundierte Kenntnis der verschiedenen theoretischen Ansätze in der Psychotherapie verfügt.

Dank auch Jon Thorson, der mich zuerst in Alice Millers Werke einführte, der mich auf ihr Buch *Das verbannte Wissen* hinwies, der mein Manuskript las und mich mit vielen detaillierten Anmerkungen und in vielerlei anderer Hinsicht bei meinem Projekt unterstützte.

Zwei Menschen, die vielleicht überrascht sein werden, ihre Namen hier erwähnt zu finden, sind deshalb mit eingeschlossen, weil ihre Äußerungen zwar schon einige Jahre zurückliegen, aber seit damals in meinen Gedanken ihren Nachhall fanden und mich dazu ermutigten, dieses Buch zu schreiben: Ich meine Julie Lawson, die mit einem leisen Lächeln fragte: »Was hält dich davon ab, dieses Buch zu schreiben, Jean? Fürchtest du dich davor?« und Mike Martin, der mir ebenfalls jede Unterstützung anbot, als er sagte: »Du hast etwas zu sagen, also sage es auch!«

Meinen guten Freundinnen Anne Pemberton und Kim Slayton gilt mein Dank für die ihnen eigene Art, mir immer zur rechten Zeit und in der rechten Weise zu helfen.

Dank auch meiner Autorenfreundin Mary Clare Griffin für die Ratschläge, die sie mir vor allem auch dann gab, wenn ich gar nicht wußte, daß ich sie brauchte.

Schließlich ist da noch ein Mann, von dem ich nicht einmal den Namen weiß und der in Pocatello, Idaho, nach einem Vortrag auf einem Meeting zum Thema des »inneren Kindes« auf mich zukam und sagte: »Ich bin ein Workshop-Junkie, und ich weiß, daß Ihr Material das hilfreichste ist, das ich je gehört habe. Sie *müssen* einfach ein Buch schreiben.« Seine Äußerung gab mir den letzten Anstoß, den ich noch brauchte. Dieses Buch basiert daher auch auf dem Workshop, den ich damals leitete. Und so danke ich auch Ihnen, wer immer Sie waren.